Strafe: Tor zur Versöhnung?

Eine Denkschrift der
Evangelischen Kirche in Deutschland
zum Strafvollzug

Gütersloher Verlagshaus
Gerd Mohn

Herausgegeben vom Kirchenamt im Auftrag
des Rates der Evangelischen Kirche in Deutschland

CIP-Titelaufnahme der Deutschen Bibliothek

Strafe : Tor zur Versöhnung?: Eine Denkschrift der
Evangelischen Kirche in Deutschland zum Strafvollzug / [hrsg.
vom Kirchenamt im Auftr. d. Rates d. Evang. Kirche in Deutschland]. –
Gütersloh : Gütersloher Verl.-Haus Mohn, 1990
ISBN 3-579-01958-9
NE : Evangelische Kirche in Deutschland / Kirchenamt

ISBN 3-579-01958-9

Umschlagentwurf: B. Willberg, Vockenhausen
Gesamtherstellung: Clausen & Bosse, Leck
Printed in Germany

Inhalt

Vorwort

Mit der vorliegenden Schrift greift die Evangelische Kirche in Deutschland ein umstrittenes Thema auf. Strafe – das heißt in der Praxis der Gerichte: zu 80 Prozent Bezahlung einer größeren oder kleineren Summe Geldes. Nur knapp sieben Prozent der Verurteilten werden in den Freiheitsentzug eingewiesen. Im öffentlichen Bewußtsein tritt die Geldstrafe jedoch hinter der Freiheitsstrafe zurück. An der Freiheitsstrafe werden exemplarisch der Umgang mit dem Straftäter, Fragen des Rechtes, der Gerechtigkeit und der Schuld, Aufgaben und Grenzen staatlichen Eingreifens diskutiert. Schon der Sprachgebrauch macht deutlich: Der Begriff »Strafvollzug« – vom reinen Wortsinn auf jede Form der Strafe anwendbar – wird in der juristischen wie in der Umgangssprache nur auf den Vollzug der Freiheitsstrafe angewandt.

An den Strafvollzug richten sich die widersprüchlichsten Erwartungen: Er soll abschreckend wirken, zugleich aber auch den Straftäter bessern. Er soll sicher sein und zugleich »den allgemeinen Lebensverhältnissen« so weit als möglich angeglichen. Von »Sühne« ist die Rede, ebenso von »Behandlung«, ohne daß immer klar zu erkennen ist, was diese beiden Begriffe in diesem Zusammenhang bedeuten. Die Welt hinter den Mauern des Gefängnisses ist einerseits ein Spiegel unserer Gesellschaft, andererseits führt sie ein Eigenleben, von dem der Bürger außerhalb in der Regel kaum eine wirklichkeitsgetreue Vorstellung hat. Der Straftäter wird räumlich aus der Gesellschaft ausgegrenzt. Diese Ausgrenzung soll jedoch zum Ziel haben, ihn in die Gesellschaft (wieder) zu integrieren.

Die Widersprüche spiegeln sich in dem Wechsel zwischen Hoffnung und Resignation bei allen Beteiligten, bei den Gefangenen, ihren Angehörigen, bei den Mitarbeitern des Vollzugs und nicht zuletzt auch bei den Opfern von Straftaten. In der Folge werden die widersprüchlichsten Forderungen laut: von der Verschärfung des Strafvollzugs bis hin zu seiner völligen Abschaffung.

Die Freiheitsstrafe hat seit gut 200 Jahren die Leibes- und Lebensstrafen erst symbolisch und dann faktisch abgelöst. Dies bedeutete zunächst einen Fortschritt in der Humanisierung weltlicher Strafe aus den Erkenntnissen und aus den Erfordernissen jener Epoche heraus. Bis heute sind Impulse jener Zeit in unserem Strafvollzug verkörpert: Das Zusammenfassen der Straftäter in Anstalten; die Auffassung von Strafe als der Zufügung eines Übels, das Läuterung des Menschen bewirken soll; Absonderung, in der Hoffnung auf innere Einkehr; Anleitung zur Arbeit als wesentlicher Faktor, um ein nützliches Glied der Gesellschaft zu werden. Die faktische Durchführung des Vollzuges stellte freilich das Erreichen dieser Ziele häufig genug in Frage. Hier setzten Christen wie Heinrich Balthasar Wagnitz, Elizabeth Fry, Theodor Fliedner und Johann Hinrich Wichern u. a. mit ihrer Kritik und ihren Reformbemühungen an.

Der Strafvollzug in der Bundesrepublik bedarf der Veränderung. Während die öffentliche Meinung sich nur allzu sehr an den zahlenmäßig geringen, aber dafür spektakulär in den Medien berichteten Gewaltverbrechen orientiert, bevölkern unsere Gefängnisse überwiegend junge und erwachsene Menschen, die in ihrer Lebensgeschichte selber schwere Schäden davongetragen haben, und deren Taten stärker durch Wiederholung als durch ihre Schwere Gewicht erhalten. Um diese geht es vor allem. Das Einstehen für die eigene Tat kann und darf nicht erspart werden – es muß jedoch in den Gesamtrahmen der Chancen zu einer positiven Entwicklung der Person eingefügt werden. Soweit der Strafvollzug hier einen Beitrag leisten kann, muß er dazu instandgesetzt werden. Das Strafvollzugsgesetz, das an wichtigen Punkten noch der Umsetzung in die Praxis harrt, bietet auf dem Boden unserer auf den Rechtsstaat und den Sozialstaat ausgerichteten Verfassung die Rechtsgrundlage.

Die Strafrechtspflege nimmt bei der Freiheitsstrafe das Verhältnis zwischen dem Täter und seinem Opfer, d. h. den konkreten Ausdruck der Rechtsgemeinschaft nicht hinreichend wahr. Die Professionalität des Strafverfahrens, die notwendige Fachsprache vor Gericht und bürokratische Elemente haben zu einer Abstraktion geführt, die die persönliche Verarbeitung des Geschehens bei den Betroffenen erschwert.

Viele der hier anstehenden Aufgaben lassen sich jedoch nicht allein mit rechtlichen Mitteln lösen. Sie bedürfen des bewußten Zusammenwirkens aller: der Organe der Justiz, der Gefangenen und nicht zuletzt der Gesellschaft.

Die christliche Sicht des Menschen geht davon aus, daß die Lebenschancen der Gemeinschaft und die des einzelnen in einer lebendigen Wechselwirkung stehen. Auch an dem Umgang mit den Straftätern zeigt die Gesellschaft, welches Bild sie vom Menschen hat. Die christliche Sicht bejaht die Verantwortung des einzelnen für sein eigenes Leben. Sie sieht jedoch zugleich, wie diese Verantwortung eingebettet ist in die Einwirkung der Umgebung, angefangen von den engsten Bezugspersonen bis hin zu den jeweiligen allgemeinen gesellschaftlichen Einwirkungen.

Gleichzeitig sieht sie jeden Menschen – Straftäter, Opfer, die mit ihnen Verbundenen – als von Gott geschaffene und geliebte Personen, deren Leben beides enthält: Gebrochensein durch Leid und Schuld und die Chance der Heilung und des immer wieder neuen Beginnens. Diese Sicht des Menschen und seines Lebenszusammenhangs ist der idealistischen Euphorie fern, aber ebenso muß sie auch der Ausgrenzung einzelner widerstehen.

Der Rat der Evangelischen Kirche in Deutschland hat eine interdisziplinär zusammengesetzte Arbeitsgruppe beauftragt, eine Stellungnahme zu den heute anstehenden Fragen des Strafvollzugs zu erarbeiten. Mit der vorliegenden Schrift möchte die evangelische Kirche einen Beitrag zur Klärung und zur Differenzierung in der öffentlichen Diskussion leisten und Vorschläge für Änderungen unterbreiten.

Die Schrift wendet sich an eine breite Öffentlichkeit, zugleich aber auch an die Fachwelt und an die politischen Entscheidungsträger. Aufbauend auf dem heutigen Stand der fachlichen Erkenntnisse ist sie vor allem praktisch orientiert. Dabei hat sie beides im Blick: Vorschläge für die Verbesserung des zur Zeit bestehenden und auch nicht völlig ersetzbaren Strafvollzuges und Unterstützung der Ansätze für eine Weiterführung in der Gestaltung staatlicher Strafe, die Tätern, Opfern und dem Gesamten der Gesellschaft gleichermaßen dient.

Der heutige Stand der theoretischen Diskussion läßt eine Reihe von Problemen offen – in der Erklärung alter und neuer Formen von Kriminalität, in der Begründung der Strafe seitens der Rechtswissenschaften, in der Behandlung dieser Themen in der Theologie. Der fehlende Konsens in Rechts- und Sozialwissenschaften und in der Theologie wirkt sich auch für die Praxis nachteilig aus. Dies im einzelnen zu erörtern, sprengt den Zusammenhang der vorliegenden Ausarbeitung. Die Mängel im gegenwärtigen Strafvollzug dürfen jedoch nicht erst beseitigt werden, wenn alle Fragen beantwortet sind.

Das zu bejahende Konzept der Resozialisierung überholt nicht einfach ältere Vorstellungen von Strafe. Es braucht das Bewußtsein vom bleibenden Recht ihrer lebensbewahrenden Elemente, soll es nicht in Enttäuschung umschlagen. Umgekehrt darf der Gedanke der Sühne nach begangenem Unrecht nicht für die praktische Gestaltung des Freiheitsentzuges instrumentalisiert werden.

Die vorliegende Ausarbeitung wird zu einem Zeitpunkt veröffentlicht, in dem die Verbrechen vergangener Zeiten in Nationalsozialismus und Stalinismus und der Mißbrauch des Rechtes in osteuropäischen Ländern die öffentliche Diskussion neu bewegen. Hier werden Fragen deutlich, die den Alltag der Strafrechtspflege und des Strafvollzuges, denen die folgenden Seiten gewidmet sind, sprengen. Die Fragen nach Recht und Gerechtigkeit, nach Sühne und Versöhnung in der Gesellschaft, die hier an extremen Beispielen aufbrechen, können auch im »normalen« Rechtsleben nicht einfach übersprungen werden. Sie bleiben uns aufgegeben.

Hannover, den 17. Mai 1990

Bischof Dr. *Martin Kruse*
Vorsitzender des Rates der
Evangelischen Kirche
in Deutschland

Einleitung

Strafvollzug ist Freiheitsentzug. Was immer das Strafgesetzbuch bereithält, um Übertretungen der Rechtsordnung ahnden zu können: wo es um ernste Dinge geht, wo die »ganze Strenge« des Gesetzes zur Anwendung kommt, ist »Strafe« gleichbedeutend mit »Freiheitsstrafe«. Der schwere oder wiederholte Gesetzesbruch wird mit dem Entzug jenes Gutes geahndet, dem unsere Rechtsordnung neben dem Leben den höchsten Wert zumißt: der Freiheit. Freiheit aber ist mit dem Wesen des Menschen so verbunden, daß ihre zeitweise oder dauernde Wegnahme den Menschen in seinem Kern treffen muß.

Den Menschen mit dem Entzug dessen zu bestrafen, was sein Wesen bestimmt, ist schon von der Grundidee her etwas so Ungeheuerliches, daß es einer außerordentlichen Rechtfertigung bedarf, wenn diese Grundidee in einem freiheitlichen Staat akzeptabel sein soll. Diese außerordentliche Rechtfertigung wird gewonnen aus der Vorstellung des Schuldigseins.

Der eingesperrte, im Strafvollzug befindliche Mensch ist nach offizieller Definition ein schuldiger Mensch. Ein Gericht hat ihn »schuldig« gesprochen, hat den Umfang, die Größe und Schwere seiner Schuld festgestellt und ihm eine entsprechende Freiheitsstrafe »zugemessen«. Warum begnügen sich die Richter, so könnte man fragen, nicht mit der Feststellung: Dieser Mensch hat geraubt, hat den Körper eines anderen verletzt und bekommt dafür, wie das Gesetz es vorsieht, eine Freiheitsstrafe von X oder Y Jahren? Die Antwort ist: sie müssen zunächst zu der Auffassung kommen, daß der »Beschuldigte« auch wirklich schuldhaft gehandelt hat. Schuldhaft handeln kann aber nur, wer als freies Wesen gedacht wird. Unsere höchsten Richter haben es so definiert:

»Schuld ist Vorwerfbarkeit. Mit dem Unwerturteil der Schuld wird dem Täter vorgeworfen, daß er sich nicht rechtmäßig verhalten, daß er sich für das Unrecht entschieden hat, obwohl er sich rechtmäßig verhalten, sich für das Recht hätte entscheiden können. Der innere Grund des Schuldvorwurfs liegt darin, daß der Mensch auf freie, verantwortliche, sittliche Selbstbestimmung angelegt und deshalb befähigt ist, sich für das Recht und gegen das Unrecht zu entscheiden ... Wer weiß, daß das, wozu er sich in Freiheit entschließt, Unrecht ist, handelt schuldhaft, wenn er es gleichwohl tut.«

Diese Schulddefinition des Bundesgerichtshofs läßt sich so zusammenfassen: Freiheitsentzug hat Freiheitsmißbrauch zur Voraussetzung, und dieser Mißbrauch wird als »Schuld« bezeichnet. Sie zu vermeiden, muß der Mensch, so erklärt der Bundesgerichtshof zusätzlich, seine beabsichtigten Handlungen ständig daraufhin überprüfen, ob sie mit den »Sätzen des rechtlichen Sollens in Einklang« stehen, er muß nachdenken, sich erkundigen und sein Gewissen anspannen.

Entspricht das hinter diesen Ausführungen sichtbar werdende Menschenbild der Wirklichkeit? Wird eine derart isolierte Sicht vom Menschen der Erfahrung gerecht, die jeder mit sich selbst und mit anderen machen kann? Auch wer das bezweifelt, muß sehen, daß diese Sicht die Realität des Strafens bestimmt. Der einzelne wird an einem Idealbild des Menschen gemessen, unabhängig davon, in welcher mehr oder weniger »idealen« Gesellschaft und Umwelt er lebt.

Eine Stellungnahme der Evangelischen Kirche in Deutschland zu Fragen des Strafvollzugs kann an dem Grundproblem von Freisein und Schuldigwerden nicht vorbeigehen. Wie verhält sich, so ist zu fragen, das beschriebene rechtliche Idealbild zu einem christlichen Menschenbild? Wie verhält sich »weltliche« Schuld zu dem, was aus christlicher Sicht Schuld vor Gott ist? Und was folgt aus den Antworten auf diese Fragen für die konkreten Probleme des Strafvollzugs?

Daß die evangelische Kirche sich mit der vorliegenden Schrift in die Diskussion dieser Fragen einschaltet, rechtfertigt sich nicht nur aus der Tatsache, daß Freiheit, Strafe und Schuld Grundgegenstände christlichen Denkens und christlicher Ethik sind. Auch die moderne Sozialwissenschaft stellt aus ihren Denkansätzen heraus traditionelle juristische Maximen in Frage. Hinweise zur Klärung des Verhältnisses von Schuld und Freiheitsstrafe zu geben, ist aber auch aus einem anderen Grund angezeigt. Obwohl nämlich der Begriff der Schuld im Strafrecht eine dominierende Rolle spielt, kommt er in dem 1977 in Kraft getretenen Strafvollzugsgesetz überhaupt nicht vor. Der Gesetzgeber hat den Schuldbegriff hier sogar ganz bewußt ausgeklammert: Seine Zielsetzung bei der Schaffung des Strafvollzugsgesetzes war, in Anwendung des *Sozialstaatsprinzips* auf »menschliche

Weise« zur Verbrechensbekämpfung beizutragen. Nicht die Vorgeschichte, der Weg in die Schuld stand im Blickfeld des Gesetzgebers, sondern die Zukunft: Als Ziel des Strafvollzuges wurde ein künftiges Leben des Verurteilten »in sozialer Verantwortung« bestimmt. Dieses Ziel soll »auf menschliche Weise«, also nach Möglichkeit human und nicht durch unnötige Härte, erreicht werden.

Die Motivation des Gesetzgebers ist allerdings gewissermaßen zweigleisig: indem Menschlichkeit und Sozialstaatlichkeit als Leitlinien angeführt werden, wird auf tragende Begriffe unserer Staats- und Gesellschaftsordnung, auf die Ethik unseres Zusammenlebens verwiesen. Andererseits gab es aber auch ganz pragmatische Gründe und Überlegungen für die Reform des Strafvollzugs. Wachsende Kriminalität und hohe Rückfallquoten legten nämlich den Gedanken nahe, daß der bisherige, stark von Repression geprägte Strafvollzug ziemlich wirkungslos sei. Bevormundung, Unterdrückung und »adäquate Leidzufügung« zahlten sich offenkundig nicht aus, Abschrekkung wurde nicht erzielt. Beispiele anderer Länder zeigten, daß auf neuen Wegen möglicherweise mehr erreicht werden könne.

Solche Wege sollten nun auch bei uns begangen werden. Zu dieser Konzeption gehörte die Vorstellung, daß der Gefangene von den Mitarbeitern des Strafvollzugs »wirkungsvoll behandelt« werden müsse. Vom Gefangenen wiederum erwartete man, daß er sich einer solchen Behandlung (therapeutischen Maßnahmen, Ausbildung, Unterricht, Beteiligung an Gemeinschaftsaufgaben und ähnlichem) unterziehe, damit er befähigt werde, künftig von weiteren Straftaten Abstand zu nehmen. Die gesamte Bevölkerung, so hoffte man, werde sich die Ziele des Gesetzes zu eigen machen, sich beispielsweise in der Straffälligenhilfe engagieren.

Das Strafvollzugsgesetz entsprang also einem Konzept der Rationalität, war geprägt von einem hohen Maß an Humanität und offenkundig gedacht für eine leistungsorientierte Gesellschaft. In einer solchen Gesellschaft besteht die Vorstellung, daß Zeit sinnvoll genutzt werden muß, daß nahezu alles »machbar« ist und das meiste – wohl auch der Mensch – verändert werden kann, wenn man nur Kapital einsetzt, Forschung betreibt und die richtigen Methoden findet und anwendet.

Ausdruck dieser Vorstellungen wurde der Begriff der »Resozialisierung«. Er war und blieb umstritten. Handelt es sich, so fragten manche skeptisch, bei den betreffenden Menschen nicht um solche, die überhaupt erst einmal sozialisiert werden müssen, die die Grundbedingungen des Zusammenlebens nie erlernt haben? Die Gegenseite wiederum zweifelte grundsätzlich an der Möglichkeit, »Verbrecher« wieder zu sozial angepaßten Mitbürgern machen zu können.

Trotz dieser Einwände war und blieb die Idee der Resozialisierung die tragende Säule des neuen Strafvollzugs. Resozialisierung läßt sich umschreiben mit dem Satz: der gestörte, unterbrochene oder unvollkommene Prozeß der *Sozialisierung* muß fortgeführt und nach Möglichkeit vollendet werden; der Mensch muß, wie die Engländer sagen, »fit« gemacht werden für das Leben in der Gesellschaft. Der Straftäter hat durch seine Tat gezeigt, daß er nicht zu einem selbstverantwortlichen Leben in der freien Gesellschaft fähig ist; dies ist ihm auch vorzuwerfen. Dennoch sind die Bedingungen seiner Persönlichkeitsentwicklung, ist das konkrete soziale Umfeld zu ermitteln, weil diese Faktoren eine möglicherweise sogar entscheidende Vorbedingung seiner Tat sind. Man muß versuchen, sie während der Zeit des Strafvollzugs in positiver Richtung zu verändern. Betreuung und Behandlung sind vernünftig und zahlen sich aus. Täter und Gesellschaft: beide haben ihren Nutzen von einem Resozialisierungs-Strafvollzug.

Die Befürworter der Reform – viele waren exzellente Kenner des Strafvollzugswesens – haben sich nicht der Illusion hingegeben, daß das Konzept der Resozialisierung in Reinkultur umzusetzen sei. Niemand erhoffte sich von diesem Konzept die Abschaffung der Kriminalität: es ging ja nur um deren Verringerung, um etwas Besseres als den bisherigen Strafvollzug. Man kann aber eine Reform nicht propagieren und politisch durchsetzen, indem man jeden skeptischen Einwand gleichzeitig mit propagiert. So geriet die *Begründung* der Reform wohl etwas stromlinienförmiger als sie in den Köpfen der Reformer aussah. Tatsache ist, daß nicht alle Blütenträume reiften. Resozialisierung ist ein langwieriger Vorgang. Fehlentwicklungen einer Persönlichkeit sind nicht in kurzer Zeit umkehrbar, und manchmal sind sie es überhaupt nicht. Wenn aber die Skepsis übermächtig wird, wenn der Streit über Wesen, Sinn und Möglichkeit der Resozialisierung das Feld beherrscht, kann die unbestreitbare

Chance verspielt werden, die in dem Versuch der Resozialisierung liegt. Ein Gefangener hat sie einmal in einem Brief eindringlich beschrieben:

»Die Resozialisierung hat für viele von uns etwas Einmaliges: Sie gibt uns die große Chance, einen dicken Strich zu machen unter die Folgen unserer unglücklichen Vergangenheit, die uns zur Ausweglosigkeit gebracht und unter denen wir selbst stark gelitten haben – wenn wir bereit sind dafür. Es ist nicht wahr und auch verhängnisvoll, daß ich erst nach meiner Entlassung ein anständiges Leben beginnen kann. Die Vorbereitung beginnt hier und sofort. Bitte aber keine Schaustücke, die nur betrügerische Kunststücke sind. Ein Mann, der im Knast plötzlich mit Gabel und Messer anfängt zu essen, ist noch lange nicht gesellschaftsfähig ... Resozialisierung verlangt Ehrlichkeit uns selbst gegenüber und damit auch Ehrlichkeit gegen jedermann. Mag sein, daß dies nicht einfach ist ...

Ich will aber raus aus diesem verfluchten Dasein des Knastes. Ich muß den verhängnisvollen Kreislauf sprengen, der kein Ende kennt. Ich will in Ruhe und Frieden leben vor meinem Gewissen und den Mitmenschen ... Die völlige Unterdrückung aller kriminellen Gefühle mit eigener Kraft, dies ist die sicherste Grundlage zu einer neuen Lebensform, und das ist unser Ja zur Resozialisierung.»

Ein Wort zum Strafvollzug aus christlicher Sicht kann sowohl an die gesellschaftspolitische Diskussion als auch an diese verzweifelthoffnungsvolle Aussage eines Gefangenen anknüpfen. Frieden vor dem Gewissen und den Mitmenschen als Ziel eigenen, intensiven Bemühens, und doch auch das Wissen darum, wie schwierig es ist, ehrlich zu sein: muß man da nicht einen Menschen vor sich sehen, der die Hand ausstreckt und uns damit zwingt, über das Verhältnis von Schuld, Strafe, Sühne und Versöhnung mit gleicher Intensität nachzudenken, andererseits aber nicht im unverbindlichen Theoretisieren steckenzubleiben, sondern genau hinzuschauen, die Wirklichkeit zu erfassen, praktische Vorschläge zu machen, Phantasie zu entwickeln?

Für alles das soll die vorliegende Schrift Anreize stiften und Hilfe bieten. Ihre Verfasser haben vieljährige Erfahrungen im Umgang mit straffälligen Menschen: als Richter, im Strafvollzug und seiner Verwaltung, als Gefängnispfarrer, Mitarbeiter der Straffälligenhilfe; sie arbeiten als Juristen, Theologen und Sozialwissenschaftler in verschiedenen Bereichen. Sie haben, als Gruppe, Strafanstalten aufgesucht, die Lebens- und Arbeitsbedingungen der Insassen beobachtet und mit Bediensteten wie Gefangenen ausführlich gesprochen. Zur Vertiefung ihrer Kenntnisse und Erfahrungen haben sie ein wissenschaftliches Symposion veranstaltet, an dem Experten aller Richtungen, hohe Richter und Vertreter der Öffentlichkeit teilgenommen haben. Die rechtspolitische Diskussion um die erneute Reform der Strafvollzugsreform ist ihnen geläufig. Allen ihren Überlegungen und Anregungen liegt die Einsicht zugrunde, daß ein Gefängniswesen nicht unabhängig vom gesamtgesellschaftlichen Bewußtsein gesehen werden kann. Was keine »Akzeptanz« findet, bleibt blaß und rutscht auf die schiefe Ebene der Überflüssigkeit: bei der nächsten Reform wird es beseitigt.

Das bedeutet keineswegs, Zustimmung nur demoskopisch abzufragen und sich dem Trend zu beugen. Akzeptanz kann durch Information gefördert werden: diese Überzeugung trägt und eint die Verfasser. Im Rahmen ihres kirchlichen Auftrags legen sie an ermittelte Einzelfakten, Einstellungen und Haltungen einen christlichen Maßstab an: richtungweisend und herausfordernd zugleich.

Sie wollen bei alledem nicht die Neunmalklugen sein, schon deshalb nicht, weil sie im Verlaufe ihrer Arbeit erfahren mußten, daß nicht alle Widersprüche sich durch bloßes Nachdenken auflösen lassen. »Wie man Strafe heute begründen kann« (zweiter Hauptteil der Denkschrift) und »Was aus christlicher Ethik zu folgern ist« (Seite 72): das sind Fragestellungen, die allein infolge ihrer langen Vorgeschichte schlichte Antworten kaum ermöglichen, deren »Traditionslast« niederdrückend wirkt – und die dennoch, wenn auch unvollkommen, beantwortet werden müssen. »Was überdacht und geändert werden muß«: diesen Teil der Schrift haben die Verfasser über konkrete Vollzugsfragen (Zielkonflikt zwischen Sicherheit und Resozialisierung, Frauen und Jugendliche in der Strafhaft, Untersuchungshaftvollzug) bis zu der »konkreten Utopie eines modernen Vollzugssystems« fortgeführt. Auch die zwar nicht neue, in den letzten Jahren aber verstärkt geführte Diskussion um »Täter und Opfer«, beziehungsweise eine mehr am *Opfer* orientierte Strafrechtspflege, wird aufgegriffen, freilich in zurückhaltender Form. So nötig es ist, auch an das Opfer einer Straftat zu denken und nach Möglichkeiten von Wiedergutmachung zu suchen, Chancen von Täter-Opfer-Ausgleich aufzuspüren: solche notwendigen Bemühungen finden zur Zeit ihre Grenzen an unserem gesamten Strafrechtssystem, in dem der einzelne (als Täter, Beschuldigter) dem Staat beziehungsweise seinen Rechtsorganen gegenübersteht; nicht die Verletzung des Opfers steht im Vordergrund, sondern die Verletzung der Rechtsordnung. Das Verhältnis von Täter und Opfer auf eine neue Grundlage zu stellen, hätte eine Änderung der Strafrechtsdogmatik zur Voraussetzung.

Ehrlichkeit, wie der Gefangene sie in dem zitierten Brief von sich und von seinen Mitgefangenen verlangt: ihr müssen auf der Seite von Gesellschaft und Staat ebenfalls Ehrlichkeit, Aufrichtigkeit und Freiheit von Vorurteilen entsprechen. Es genügt nicht, sich zum verbalen Befürworter einer opferbezogenen Strafrechtspflege zu machen, wenn man nicht gleichzeitig eine Überprüfung des staatsbezogenen Strafrechts jedenfalls in Betracht zieht. Es genügt nicht, dem Gefangenen die Wiedergutmachung des durch ihn angerichteten Schadens zu predigen, wenn man dem Gefangenen eine angemessene Entlohnung für seine Arbeit vorenthält. Es genügt auch nicht, hohe Rückfallquoten zu beklagen, dem Gefangenen aber für die Zeit der Haftentlassung die erforderliche soziale Sicherheit nicht zu schaffen. Es ist nicht aufrichtig, das Resozialisierungsmodell in Frage zu stellen, wenn man die nötigen Kosten in dieses Modell noch gar nicht investiert hat. Es widerspricht der Sachlichkeit, eingeführte Erleichterungen im Strafvollzug als ursächlich für einen Anstieg der Kriminalität zu bezeichnen, und es widerspricht gebotener Nüchternheit, sensationelle Berichterstattung der Medien über einzelne, spektakuläre Straftaten in einen generellen Zweifel am Sinn des neuen Strafvollzugsgesetzes umzumünzen.

Freiheitsentzug trifft den Menschen in allen Lebensbereichen. Er stellt einen schweren Eingriff in die Rechtsstellung, die Lebensgewohnheiten, die Beziehung zum sozialen Umfeld und die wirtschaftlichen Verhältnisse dar. Nirgendwo sonst ist der Mensch so abhängig von anderen Personen, so in fremde Gewalt gegeben wie in der Situation des Freiheitsentzugs. Irreparable Schäden können die Folge sein. Schon dies ist Grund genug für die Kirchen, sich ständig mit den Menschen in dieser Grenzsituation zu befassen und die so entstehenden Probleme zu überdenken.

Der Staat hatte bei der Schaffung des Strafvollzugsgesetzes darauf verzichtet, eine allgemeine Aussage über den *Sinn* des Strafvollzuges zu machen, weil nämlich die Fragen von *Schuld, Verantwortung* und *Sühne* das religiöse und weltanschauliche Verständnis des Betroffenen und der Allgemeinheit berührten. Damit hat er gleichzeitig den Kirchen einen Platz im Strafvollzug freigemacht (freigehalten?), an dem sie legitimerweise seit jeher wirken. Die Kirchen sind Partner auch des in Gefangenschaft lebenden Menschen. Wenn er sich mit seiner Schuld auseinandersetzen will, bietet der Seelsorger im Gefängnis seine Hilfe an. Verantwortung und Sühne können Gesprächsthemen für den einzelnen Gefangenen mit seinem Anstaltspfarrer sein.

Die Kirchen haben also legitime Aufgaben im Strafvollzug. Sie können sich aber dem Themenkreis Strafe / Schuld / Vergebung – das darf hier nicht unterschlagen werden – nur selbstkritisch nähern. Christliche Theologie und christliche Kirchen haben zum »Strafbedürfnis« der Bevölkerung vieles beigetragen.

So ist dies also eine Schrift, die sich auch an die Adresse der Kirche selbst richtet – ebenso wie an die Vertreter des Staates, an gesellschaftliche Gruppen und Verbände und an den einzelnen Bürger. Wir alle bedürfen – inmitten der Informationskaskaden, denen wir ausgesetzt sind – der mahnenden Erinnerung an einen Sektor unseres gesellschaftlichen Lebens, in dem Schäden repariert werden sollen, die in dieser Gesellschaft und oftmals nicht ohne ihre Mitwirkung und auch Mitschuld entstanden sind. Sie können jedenfalls nicht ohne ein Zusammenwirken aller geheilt werden. Wenn Strafe einen Sinn haben soll, muß sie das Tor zur Versöhnung sein.

Ein Blick in den gegenwärtigen Strafvollzug

1. Von der Schwierigkeit, im Gefangenen einen normalen Menschen zu sehen

Das seit 1977 in Kraft befindliche Strafvollzugsgesetz geht auf die Vorarbeiten einer Kommission zurück, der der damalige Bundesjustizminister Gustav Heinemann am 5. Oktober 1967 den Auftrag erteilt hatte, ein Gesetz zu schaffen, das den *»Strafvollzug in Einklang mit den Grundrechten«* bringe. Als der vielfach überarbeitete Entwurf 1973 dem Bundestag vorlag, erklärte die Bundesregierung zu seiner Begründung: Einschränkungen, die über den bloßen Freiheitsentzug hinausgingen, ließen sich aus dem Gedanken der Verteidigung der Rechtsordnung *nicht* rechtfertigen.

Das war, in anderer Formulierung, der Kerngedanke der Reform: ein den Grundrechten entsprechender, also vom Bilde des freien, selbstverantwortlichen, aber auch gemeinschaftsgebundenen Menschen bestimmter Strafvollzug kann nur ein solcher sein, in dem dem Menschen alles verbleibt, was ihm nicht zur Erfüllung des Zwecks der Strafhaft unbedingt entzogen werden muß. Der Freiheitsentzug als solcher, so betonte die Bundesregierung, sei bereits der schuldangemessene Ausgleich für begangenes Unrecht; eine besonders belastende Ausgestaltung des Freiheitsentzuges dürfe es nach dem neuen Gesetz nicht geben.

So einfach und überzeugend diese Maxime klingt, so schwer war sie zu realisieren. Denn sie bedeutete tatsächlich eine totale Umkehr des Prinzips der bis 1977 geltenden »Dienst- und Vollzugsordnung«. Danach war »der Gefangene nicht ein freier Mensch, abzüglich gewisser Rechte und Rechtsbestandteile, sondern ein unfreier Mensch, dem nur die mit der Unfreiheit zu vereinbarenden Rechte verbleiben«, wie es in entsprechenden Kommentaren hieß und wie es den Strafvollzugsbediensteten sozusagen in Fleisch und Blut übergegangen war.

Jetzt sollte der Gefangene plötzlich ein im Prinzip freier, an den Grundrechten selbstverständlich teilhabender Mensch sein, der nur auf Zeit der Herrschaft der Gefängnisordnung unterworfen war, aber eben einer immer wieder an den Grundrechten zu überprüfenden Ordnung. Das Strafvollzugsgesetz brachte diesen Grundgedanken auf die Formel:

»Das Leben im Vollzug soll den allgemeinen Lebensverhältnissen soweit als möglich angeglichen werden.«

Wie schwer es den im Strafvollzug Tätigen, aber auch den Justizverwaltungen und manchen Richtern fiel, diesen Grundsatz zu respektieren, ja vielleicht auch nur wirklich zu durchdenken und für den Alltag in der Haft fruchtbar zu machen, ergibt sich u. a. aus einer ganzen Fülle von Gerichtsentscheidungen, mit denen Gefangene letztlich durchzusetzen gezwungen waren, was ihnen eigentlich auch die Anstaltsleitungen hätten gewähren müssen.

So hatte etwa ein Gefangener den Antrag gestellt, sich eine Leselampe kaufen zu dürfen. Das Strafvollzugsgesetz sieht eine solche »Ausstattung des Haftraumes mit eigenen Sachen« vor, und daß eine Leselampe weder die Ordnung noch die Sicherheit der Anstalt gefährdet, andererseits zum Lesen und Schreiben fast unerläßlich ist, liegt auf der Hand.

Doch der Antrag wurde abgelehnt. Der Haftraum des Antragstellers sei ausreichend beleuchtet, meinte ein »Vollzugsabteilungsleiter«, und die mit Richtern besetzte »Strafvollstreckungskammer« stimmte ihm zu. Ob wohl einer der an der Ablehnung Beteiligten seine eigene Lebenssituation mit der des Gefangenen verglichen hat? Ob einer – vielleicht beim Abfassen der Ablehnung – darüber nachgedacht hat, wie »ausreichend« eine an der Zimmerdecke befindliche Glühbirne für das Lesen einer Zeitung, das Schreiben eines Briefes ist? Ob einer sich vorgestellt hat, daß das »Ausreichend« eigentlich nur für verhältnismäßig primitive Lebensfunktionen gilt? Der Gefangene hat nichts von alledem begehrt, was die Werbung an diffizilen Einsatzmöglichkeiten des Lichtes in einer modernen Wohnung zu preisen weiß. Er wollte von der sozusagen lichtumflossenen Gestalt des Normalbürgers nur einen schwachen Abglanz in seine Zelle holen: wenigstens an der Normalität der Lesebedingungen wollte er teilhaben. Es wurde verworfen. Erst die Richter des zuständigen Oberlandesgerichts verhalfen ihm zu seinem Recht – mit Hinweis darauf, daß das Leben im Vollzug den allgemeinen Lebensverhältnissen soweit wie möglich angeglichen werden solle.

Auch für den Kauf einer Tasse mußte ein Gefangener in einem anderen Fall das zuständige Oberlandesgericht bemühen: sie war ihm, anläßlich des Umzugs (der »Verlegung«) von einer in eine andere Haftanstalt zerbrochen. Er wollte eine neue ähnlichen Formats. Aber wiederum sagten die Zuständigen: Nein! Wir haben hier Tassen – wozu brauchen Sie eine eigene, besonders große? Können Sie das begründen? – Auch hier wäre zu fragen: Ob die Ablehnenden sich wohl vergegenwärtigt haben, nach welchen Kriterien sie sich selbst ihr Geschirr und alle anderen Dinge des persönlichen Gebrauchs anschaffen? Ob sie bedacht haben, daß auch solche Entscheidungen, die Dritten unbedeutend erscheinen mögen, einen Beitrag dazu leisten können, die Individualität eines Menschen unter den Bedingungen des Freiheitsentzugs zu erhalten und zu stärken? Daß auch der Besitz als unbedeutend geltender Gegenstände für das Selbstgefühl eines Menschen wichtig sein kann? Und vor allem: daß das Gesetz ihnen keine Handhabe gibt, auch die zaghaftesten Ausdrucksformen der Individualität zu unterbinden?

Normalität soll im Strafvollzug auch insoweit gelten, als dem Gefangenen neben der »Anstaltskleidung«, in der er arbeitet, eine »besondere Oberbekleidung« für die Freizeit zur Verfügung gestellt werden soll. Der Gefangene »erhält« sie, stellt das Gesetz lakonisch fest. Eine Landesjustizverwaltung glaubte dieser Bestimmung schon dadurch zu entsprechen, daß sie den Gefangenen neben dem »Blaumann« für die Arbeit einen ebensolchen weiteren Arbeitsanzug für die Freizeit aushändigte. Auch hier konnte erst das zuständige Oberlandesgericht – gegen die fiskalischen Einwände der betreffenden Landesregierung (»keine Haushaltsmittel«) – Abhilfe schaffen, indem es feststellte:

»Mit der besonderen Oberbekleidung für die Freizeit ist eine Bekleidung gemeint, die im Interesse einer Angleichung des Lebens im Vollzug an die allgemeinen Lebensverhältnisse ... der außerhalb der Vollzugsanstalten getragenen üblichen Kleidung entspricht ... Es darf sich nicht um einen weiteren Arbeitsanzug handeln, denn damit würde ... die Angleichung ... mit Sicherheit verfehlt.«

Daß eine solche, im Grunde skurrile, Feststellung überhaupt gemacht werden muß, daß vielbeschäftigte Richter von Oberlandesgerichten sich mit Leselampen, Tassen, Heißwassertöpfen, Tagesdecken (die nach Meinung eines Anstaltsleiters zum »gehobenen Wohnkomfort« gehören, auf die »im Strafvollzug kein Anspruch bestehe«) und mit der Definition von Freizeitkleidung beschäftigen müssen, läßt eine ganze Skala von Verständnismangel bis zur Willkür deutlich werden und belegt, daß die alten Vorstellungen von Ordnung und Sicherheit in der Anstalt und rechtlichem Minimalstatus der Gefangenen immer noch in den Köpfen vieler Menschen stecken, die für den Strafvollzug verantwortlich sind, und daß sie auch praktiziert werden, bis ein Richter Halt gebietet. Vor zwanzig Jahren war es selbstverständlich, dem Gefangenen die Benutzung eines eigenen Rundfunkgerätes zu versagen, »weil es mit dem Strafzweck nicht vereinbar sei, daß er wie ein freier Bürger in seiner Freizeit beliebige Sendungen empfange«. Den Gefangenen von der Außenwelt abzuschneiden, gehöre zum Wesen der Freiheitsstrafe »und des damit beabsichtigten Übels«. Obwohl heute niemand mehr so argumentieren wird und kann, müssen doch viele Gefangene sich die Benutzung eines Rundfunkgerätes mit UKW-Teil vor Gericht erstreiten, und Anstaltsleitungen müssen darauf verwiesen werden, daß vage Bemerkungen über die »Sicherheit der Justizvollzugsanstalt« nicht genügen, um einen Eingriff in das durch Artikel 5 des Grundgesetzes geschützte Grundrecht auf Informationsfreiheit zu rechtfertigen.

Nicht einmal das Selbstverständlichste scheint für manche Anstaltsleiter selbstverständlich zu sein: daß ein schwerbehinderter Frührentner auch in der Haftanstalt als solcher zu behandeln ist, jedenfalls aber nicht zur Arbeit gezwungen werden darf, mußte ein Oberlandesgericht feststellen. Und ein anderes Oberlandesgericht mußte wiederholen, was vor rund zwei Jahrzehnten bereits in gleicher Instanz grundlegend (und, wie man dachte: gültig für immer) festgestellt worden war, daß nämlich die Belegung einer kleinen Einzelzelle mit drei Gefangenen einen Verstoß gegen die Menschenwürde darstellt. Zur Begründung führte das Gericht aus:

»Nach dem Ergebnis der Beweisaufnahme beträgt die Grundfläche des Haftraumes des Antragstellers 11,54 qm und die Raumbreite 2,97 m. Der Haftraum ist ausgestattet mit einem Einzel- und einem Doppelbett, zwei Stühlen, drei Metallspinden, einer Toilette sowie mit einer kleinen zusammenklappbaren Schamwand, deren Größe kaum ausreicht, um Sichtschutz zu gewährleisten. Im Haftraum ist eine

gleichzeitige Bewegung von drei Gefangenen nicht möglich. An den beiden Tischen können auch nur zwei Gefangene eine Freizeitbeschäftigung ausüben.«

Die so beschriebenen Verhältnisse charakterisierte das Gericht als *rechtswidrig,* als Verstoß gegen die in Artikel 1 des Grundgesetzes geschützte *Menschenwürde,* gegen das in der Europäischen Menschenrechtskonvention enthaltene *Verbot unmenschlicher oder erniedrigender Behandlung* sowie gegen die *Europäischen Mindestgrundsätze für die Behandlung der Gefangenen.* Und es fügte, konkretisierend, hinzu:

»In einem solchen, mit den notwendigen Einrichtungsgegenständen ausgestatteten Raum ist die Fortbewegungsmöglichkeit und Freizeitbeschäftigung derart eingeschränkt, daß von einer menschenwürdigen Unterbringung nicht die Rede sein kann. Die Benutzung der Toilette in einer Gemeinschaftszelle führt zu unzumutbaren gegenseitigen Belästigungen der Mitgefangenen, wenn um die Toilette lediglich eine kaum Sichtschutz gewährende kleine Schamwand installiert ist.«

Das sind Feststellungen eines deutschen Oberlandesgerichts aus dem Jahre 1985. 1967, beim Start in die Reform des Strafvollzugs und eben diesen Start auch motivierend, hatte ein anderes Oberlandesgericht fast das Gleiche gesagt …

2. Von der Schwierigkeit, als Gefangener ein normaler Mensch zu bleiben

Die Lage des gefangenen Menschen ist gekennzeichnet durch

- *Stigmatisierung:* Wer zu einer Freiheitsstrafe verurteilt wird und in einer Strafanstalt den Verlust der Freiheit erleidet, wird von der öffentlichen Meinung als »Krimineller«, als »Übeltäter« eingestuft und erhält damit einen dauerhaften Makel. Dem Bekanntwerden krimineller Taten, einer rechtskräftigen strafrechtlichen Verurteilung, der Auferlegung einer Geldstrafe, ja sogar der Verhängung einer zur Bewährung ausgesetzten Freiheitsstrafe wird längst nicht ein derart entscheidendes Gewicht beigelegt.
- *Isolierung:* Die Inhaftierung führt zu einer drastischen Einschränkung der bisherigen Beziehungen, ja häufig zu einem endgültigen Verlust bisheriger Bindungen.
- *Abhängigkeit:* Der Inhaftierte wird in einer für ihn zunächst kaum vorstellbaren Weise abhängig von anderen Personen, vor allem von den Vollzugsbeamten, in deren Hand es liegt, ob und wann er seinen Haftraum verlassen kann, ob ein Brief befördert wird, ob ein Gespräch stattfindet, ob irgendein Wunsch erfüllt wird. In vielen Fällen wird der Inhaftierte aber auch abhängig von der Gemeinschaft völlig fremder Mitgefangener, der er sich selten entziehen kann.
- *Verlust von Individualität:* Die einheitliche Gefangenenkleidung und der nahezu vollständige Verzicht auf den Besitz persönlicher Gegenstände lassen Individualität hinter dem Gefangensein zurücktreten.
- *Infantilisierung:* Auch der erwachsene Gefangene hat kaum noch eine Möglichkeit, irgend etwas von selbst zu unternehmen. Der Tagesablauf ist reglementiert; die Gelegenheit, etwas durch eigene Entscheidungen zu gestalten, ist reduziert. Das ist für viele Menschen bedrückend; es ist aber auch bequem, versorgt und geführt zu werden und sich damit beruhigen zu können, daß man seinen Pflichten – etwa der Familie gegenüber – der Umstände wegen ohnehin nicht nachkommen kann. Vor allem lange Haftzeiten machen Gefangene verhaltensunsicher und unselbständig.

Die Anforderungen des täglichen Lebens in Freiheit zu bewältigen, lernen die Gefangenen nicht.

Diese Folgen der Gefangenschaft ergeben sich aus der Struktur des Strafvollzuges bzw. aus der Anlage der Gefängnisse und sind insofern grundsätzlich nicht zu vermeiden. Sie brauchten aber nicht derart scharfe Formen anzunehmen. Ansätze zur Veränderung bietet das Strafvollzugsgesetz. In ihm sind die verfassungsrechtlichen Anforderungen an den Strafvollzug sowohl in rechtsstaatlicher als auch in sozialstaatlicher Ausprägung formuliert. Ungeachtet einiger Mängel dieses Gesetzes wäre die Lage der im Strafvollzug befindlichen Personen heute besser, wenn die Möglichkeiten des Gesetzes auch ausgenutzt, seine Vorgaben verwirklicht worden wären.

Dies ist indessen nicht geschehen. Wesentliche Teile des Gesetzes sind aus finanziellen Gründen bisher nicht in Kraft gesetzt worden. So ist die Wirklichkeit des Strafvollzuges weitgehend bedrückend. Das zeigt sich u. a. in folgenden Bereichen:

– *Unterkunft:* Das Gesetz sieht vor, daß der Insasse einen Haftraum für sich allein erhält, in dem er die Ruhezeit verbringt und in den er sich in seiner Freizeit zurückziehen kann. Auch nach Rückgang der Überbelegung verfügt nur ein Teil der Insassen über einen eigenen Haftraum. Das ständige Zusammensein mit anderen Menschen auf engem Raum ohne jede Privatsphäre ist eine zusätzliche Strafe. Für die Ausgestaltung des Haftraumes werden den Gefangenen wenig Möglichkeiten gelassen. Die Einzelhafträume im geschlossenen Vollzug sind nur selten mit einer abgetrennten Naßzelle ausgestattet; in der Regel sind sie, wie die Gefangenen richtig sagen, »Wohnklos«. Die meisten Hafträume können jederzeit vollständig durch die sogenannten Spione von außen kontrolliert werden. Nur in wenigen Anstalten gibt es kleine Wohneinheiten mit diesen zugeordneten Gemeinschaftsräumen, die eine vernünftige Freizeitgestaltung erlauben.
– *Wirtschaftliche Situation:* Das Strafvollzugsgesetz gewährt dem Gefangenen zwar einen Anspruch auf Entgelt für die von ihm geleistete Arbeit und die Einbeziehung in die Arbeitslosenversicherung. Die Einkünfte erlauben es dem Gefangenen aber lediglich, sich Tabak und Zusatznahrungsmittel zu verschaffen und bei län-

gerer Strafverbüßung einen geringen Geldbetrag anzusparen, der es ihm ermöglicht, die ersten Wochen nach der Inhaftierung zu überstehen. Der Gefangene kann mit dem Arbeitsentgelt (1990 durchschnittlich DM 170,00 pro Monat) aber weder seine Familie unterstützen noch die gesetzlich vorgesehenen Vollzugslockerungen voll wahrnehmen. Eine Rückzahlung von Schulden ist ihm nahezu unmöglich. Das führt, verbunden mit dem Umstand, daß Renten- und Krankenversicherungen ruhen, vor allem bei längeren Strafen zu einer Verschlechterung der wirtschaftlichen und sozialen Stellung, zugleich aber auch zu dem Gefühl, ausgenützt und ungerecht behandelt zu werden.

- *Sicherheitsdenken:* Die Gewährung von Vollzugslockerungen (beaufsichtigte Außenbeschäftigung, freie Arbeit, Ausführung und Ausgang), Urlaub sowie die Verlegung in den offenen Vollzug sind vorwiegend davon abhängig, daß der Gefangene die Gewähr dafür bietet, diese Lockerungen nicht zu Straftaten zu mißbrauchen oder zu fliehen. Die durch Verwaltungsvorschriften festgelegten strengen Maßstäbe bei der Gewährung von Lockerungen führen dazu, daß Personen, die in ihrer Sozialisation benachteiligt sind und für die der offene Vollzug ein wichtiges Lernfeld darstellen würde, davon ausgeschlossen werden. Pädagogische Vorbereitungen auf Vollzugslockerungen und begleitende Maßnahmen im offenen Vollzug unterbleiben weitgehend. In der Praxis wird dafür gesorgt, daß Resozialisierungsanstrengungen nicht zu Lasten der »Sicherheit« gehen (»Wir resozialisieren – nur? – in Sicherheit«).
- *Bürokratisierung:* Die Verbesserung der Rechtsstellung der Gefangenen hat eine unnötige Formalisierung und Bürokratisierung zur Folge gehabt. Es wird weniger mit dem Gefangenen gesprochen als über ihn geschrieben. Das persönliche Verhältnis zwischen Gefangenen und Bediensteten wird auf ein bloßes Rechtsverhältnis reduziert. Das führt auch dazu, daß der in Rechtsfragen gewandtere Gefangene größere Aufmerksamkeit auf sich zieht, andere benachteiligt werden.
- *Selbstverantwortung:* Vor allem in großen Gefängnis-Einheiten wird unter dem Gesichtspunkt der Rationalisierung eine totale Versorgung organisiert, die dem Gefangenen Verpflegung, Kleidung, Wäsche etc. zuteilt, ohne ihn in die Verantwortung einzu-

beziehen. Es wird alles für ihn erledigt. Bei der Neuregelung der Untersuchungshaft wird sogar erwogen, statt bisher erlaubter Pakete der Angehörigen nur noch Geldzuwendungen zu gestatten. Damit könnte der Gefangene dann die in der Anstalt vorrätig gehaltenen Gegenstände einkaufen, aber ein weiteres Stück Individualität und persönliche Verbundenheit würden verlorengehen.

- *Resozialisierungsmöglichkeiten:* Die in den letzten Jahren wesentlich verbesserten Möglichkeiten der beruflichen und schulischen Ausbildung, erste Ansätze des sozialen Trainings, Suchtberatung und therapeutische Hilfen erreichen bisher nur einen Bruchteil der Gefangenen, die für solche Förderungen eigentlich in Betracht kämen.
- *Subkulturelle Gefährdung:* Die Liberalisierung des Vollzugs bringt es mit sich, daß die Gefangenen in der Freizeit viele Kontakte miteinander haben. Da gleichzeitig Personal eingespart wird, vervielfältigen sich die Gelegenheiten, in denen Gefangene von anderen mißhandelt, bedroht, erpreßt, sexuell ausgenutzt oder in anderer Weise schikaniert werden können.

In einer größeren Vollzugsanstalt beispielsweise ist freitags um 12 Uhr Arbeitsende. Dann sind 900 Gefangene frei in dem großen Gelände »unterwegs«. Man spielt Volleyball, geht ins Schwimmbad, trainiert mit Hanteln. Anstaltsinterne Meisterschaften werden ausgetragen. Um alles das ziehen sich eine 5–6 Meter hohe Mauer und ein radarüberwachter Bereich. Auf sechs Wachttürmen sitzen Posten mit Schnellfeuergewehren. Eine Ausbruchschance haben die zu längeren Freiheitsstrafen (ab 5 Jahre, darunter 160 Lebenslängliche) verurteilten Gefangenen nicht. Nach außen ist alles dicht. Im Innern aber haben Tauschhandel und Geschäfte einen nicht mehr zu kontrollierenden Umfang angenommen. Spielschulden werden brutal eingetrieben. Das »Geschäftsleben« werde, so berichten Bedienstete, mit einer Erbarmungslosigkeit betrieben, die Gefangene in den Selbstmord treiben könne. Es käme zu schweren Körperverletzungen, die kaum aufzudecken seien. Grundsätzlich habe die neue »Freizügigkeit« dazu geführt, daß die Starken stärker und die Schwachen schwächer geworden seien.

Diese generellen Schwierigkeiten bekommen noch ein besonderes Gewicht bei ausländischen Gefangenen, bei inhaftierten Frauen, bei Jugendlichen und heranwachsenden Gefangenen und bei Untersuchungsgefangenen.

Ausländische Gefangene: Zunehmend gelangen auch Gefangene aus anderen Kulturkreisen in Strafhaft und müssen oft lange Strafen verbüßen (insbesondere im Zusammenhang mit Betäubungsmittelkriminalität). Sprachschwierigkeiten und ihnen fremde Lebensgewohnheiten lassen sie den Vollzug härter empfinden, zumal sie meist keine Vollzugslockerungen erhalten und von ihren im Ausland lebenden Bezugspersonen nicht besucht werden können. Sofern ausländische Gefangene mit ihren Familien in der Bundesrepublik leben, sie also ihren »Lebensmittelpunkt« bei uns haben, bleiben sie doch oft in Unsicherheit, ob sie nach Beendigung der Strafe hier bleiben dürfen oder abgeschoben werden. Diese für sie entscheidende Frage wird häufig erst gegen Ende der Haftzeit entschieden.

Inhaftierte Frauen: Nur etwa vier Prozent aller Inhaftierten sind Frauen. Das soziale Netz, das sie hätte tragen sollen, ist oft gerade bei ihnen stark zerstört bzw. gar nicht mehr vorhanden. Sie befinden sich in der Regel in einem schlechten psychischen Zustand, der durch die Inhaftierung nur im günstigsten Falle nicht verschlimmert wird. Diesen Besonderheiten trägt der Frauenstrafvollzug nicht Rechnung. Er ist am Männervollzug orientiert. Rein räumlich zumeist ein Anhängsel großer Männeranstalten, werden die Frauenabteilungen von den Anstaltsleitern bzw. deren Vertretern »mitverwaltet«. Sie haben oft nicht den Blick, manchmal auch einfach nicht die Zeit, sich den speziellen Belangen der Frauen (der Gefangenen wie der Bediensteten) in erforderlichem Maße zu widmen. Hemmend wirkt bei dieser Konstellation auch die Abhängigkeit der Frauenabteilungen von den Hauptanstalten im Hinblick auf Arbeitsorganisation, Bekleidung und Wäsche, Verpflegung etc., und außerdem strahlen die im Männerbereich herrschenden Prinzipien in Sachen Sicherheit und Ordnung auch auf den Frauenbereich ab. Obwohl dieser Aspekt bei den weniger auf Kraft und Gewaltanwendung ausgerichteten Frauen vernachlässigt werden könnte, wird ihm im Frauenvollzug noch häufig zu viel Bedeutung beigemessen.

Die inhaftierten Frauen werden auf das Leben in Freiheit nur unzureichend vorbereitet, wenn sie in der Haftanstalt mit Kochen, Putzen, Wäschewaschen und Bügeln beschäftigt werden, wobei sich die »Arbeit« auch noch auf Hilfstätigkeiten beschränkt (etwa bei der Zubereitung des Essens) bzw. einen entwürdigenden Charakter annimmt (etwa wenn in einer Frauenstrafanstalt die schmutzige Wäsche aller Männerstrafanstalten des betreffenden Bundeslandes zu waschen ist).

Jugendliche und heranwachsende Gefangene: Das Strafvollzugsgesetz hat zwar einige der im Jugendstrafvollzug erprobten Vollzugsgestaltungen für erwachsene Gefangene übernommen: schulische und berufliche Förderung, Vollzugslockerungen, Einrichtung von Wohngruppen; insgesamt aber gilt das Gesetz für den Jugendstrafvollzug nicht. Die Bestrebungen, auch ein Jugendstrafvollzugsgesetz zu schaffen, sind bisher über Referentenentwürfe hinaus nicht gediehen. Die bundeseinheitlichen Verwaltungsvorschriften orientieren sich stark an dem Vollzug der Freiheitsstrafe für Erwachsene und geben dem Gesichtspunkt der Sicherheit vor Entweichungen zuviel Raum gegenüber dem Erziehungsgedanken. Der Jugendstrafvollzug, ein Bereich, in dem vor Schaffung des Strafvollzugsgesetzes Reformen erprobt wurden und der als Vorreiter der Entwicklung galt, gerät so zu einem Anhängsel des allgemeinen Strafvollzugs. Das ist vor allem auch deshalb bedenklich, weil die grundsätzlich richtige Beschränkung der Anordnung von Jugendstrafvollzug auf solche Straffällige, bei denen mit ambulanten Maßnahmen gar nichts mehr zu erreichen ist, dazu geführt hat, daß im Jugendstrafvollzug eine Klientel versammelt ist, zu deren resozialisierender Behandlung größte Anstrengungen unternommen werden müßten.

Untersuchungsgefangene: Auch ein Untersuchungshaftvollzugsgesetz ist noch nicht erlassen worden. Die Praxis der Untersuchungshaft stellt sich besonders bedrückend dar. Bot diese Haftart gegenüber dem Vollzug der Freiheitsstrafe vor 25 Jahren noch viele Vorteile, so sind die Untersuchungsgefangenen heute die Personengruppe, die den Entzug ihrer Freiheit unter den am meisten belastenden Umständen zu erdulden hat. Nicht nur, daß ihnen keine Vollzugslockerungen gewährt werden können, auch der Kontakt mit der Außenwelt ist erheblich erschwert. Der Briefverkehr wird vom Richter kontrolliert, Verzögerungen sind die Folge. Auch die Gespräche beim Besuch werden in der Regel abgehört. Die notwendige Absonderung der Untersuchungsgefangenen sowohl von Gefangenen, die Freiheitsstrafen verbüßen, als – teilweise – auch von anderen Untersuchungsgefangenen führt dazu, daß ihnen oft keine oder eine nur sehr eintönige Arbeit angeboten wird. Das Entgelt – praktisch lediglich eine »Belohnung« – entspricht der Regelung im allgemeinen Vollzug. Gefangene erhalten fünf Prozent dessen, was ein Durchschnittsverdiener draußen bekommt. Der Umstand, daß die Untersuchungsgefangenen nicht zur Arbeit verpflichtet sind, erweist sich angesichts der wenigen Arbeitsmöglichkeiten und des Fehlens eines einigermaßen attraktiven Angebotes von Fortbildung und Freizeitgestaltung keineswegs als rechtlicher Vorteil.

Oft sind auch die Hafträume in den Untersuchungshaftanstalten, deren Belegschaft häufig wechselt, besonders unansehnlich. Freizeiträume, Sportstätten etc. gibt es dort seltener als in den Anstalten, in denen Freiheitsstrafe vollzogen wird. Die Konzentration der Untersuchungsgefangenen auf wenige große Vollzugsanstalten erschwert den Kontakt mit den Angehörigen. Die Unschuldsvermutung wendet sich insoweit gegen die Gefangenen, als die im Vollzug tätigen Fachkräfte sich vorwiegend um die zu resozialisierenden Strafgefangenen kümmern. Der sonst jedenfalls teilweise überwundene »Verwahrvollzug« ist in Untersuchungshaftanstalten die Regel. Viele Untersuchungsgefangene sind den größten Teil des Tages in ihrem Einzelhaftraum eingeschlossen und dort darauf angewiesen, sich mit Lesen, Radiohören und bestenfalls Fernsehen die Zeit zu vertreiben.

3. Von der Schwierigkeit, auch an die Angehörigen von Gefangenen zu denken

Vor mehr als zwanzig Jahren stellte eine britische Wissenschaftlerin fest, daß die Menge der Forschungsarbeiten über Gefangene und Strafvollzug kaum noch zu übersehen sei. Über die Lage der Angehörigen jedoch sei kaum etwas bekannt: sie würden weder von den entsprechenden Wissenschaftsdisziplinen, noch von der Sozialarbeit oder gar der Öffentlichkeit als eine den Inhaftierten vergleichbare Problemgruppe betrachtet. Das galt bis vor kurzem auch bei uns: Wenn Angehörige überhaupt gesehen wurden, dann aus der Perspektive des inhaftierten Mannes bzw. (seltener) der inhaftierten Frau. Angehörige galten vorzugsweise als die »besseren Sozialarbeiter«, die für die Wiedereingliederung Haftentlassener einen gesellschaftlich bedeutsamen Beitrag leisten könnten. Das können sie in der Tat. Aber sie haben auch ihre eigenen Probleme. Die Öffentlichkeit in der Bundesrepublik Deutschland wurde durch die Studie »Zur Situation der Frauen von Inhaftierten« erstmals auf einige dieser Probleme aufmerksam gemacht (1987 herausgegeben vom Bundesministerium für Jugend, Familie, Frauen und Gesundheit).

Wie viele »Angehörige« gibt es? Nach einer Schätzung auf der Basis der Strafvollzugsstatistik für das Jahr 1982 gehörten zu den Personen, die dieses Jahr ganz oder teilweise in einer Haftanstalt verbrachten (das waren rund 110.000 Erwachsene), ca. 31.000 Ehefrauen bzw. Ehemänner mit zusammen mehr als 55.000 Kindern. Rechnet man noch die Lebenspartner(innen) und ihre Kinder, die Geschiedenen, die Eltern, Schwiegereltern und die Geschwister hinzu, ergibt sich eine Zahl von rund 430.000 Personen. Berücksichtigt man zusätzlich die Verwandten jugendlicher Inhaftierter, so waren 1982 fast 464.000 Personen von der Inhaftierung mitbetroffen. Auf eine(n) Inhaftierte(n) kamen durchschnittlich etwa vier Angehörige.

Untersuchungshaft und Strafvollzug stellen aus der Sicht der Angehörigen eine Zwangstrennung von Ehemann oder Vater, Ehefrau oder Mutter, Tochter oder Sohn dar. Auch Freunde erleben die Inhaftierung als eine weitreichende Unterbrechung bisheriger sozialer Beziehungen. Der Freiheitsentzug, individuell gedacht, trifft also tatsächlich ein soziales System, das der Ehe/Familie/Lebensgemeinschaft in seiner Gesamtheit. Die durch die Inhaftierung bewirkte Trennung wird von den Zurückgebliebenen als »Tod auf Zeit« erlebt.

Im einzelnen ist zwischen der Art und Intensität der Probleme je nach Angehörigengruppe und Lebenskonstellation zu unterscheiden, und entsprechend unterschiedlich sind auch die Bewältigungsstrategien. Generell läßt sich nur sagen, daß die zurückgebliebenen Frauen, Kinder und Eltern – um sie handelt es sich meistens – in eine schwere materielle, soziale und psychische Krise geraten. Das gilt auch dann, wenn die Inhaftierung des Mannes als Entlastung empfunden wird, weil die Ehe oder Partnerschaft zuvor Zerrüttungstendenzen zeigte.

In vielen Fällen war der Mann Allein- oder Hauptverdiener und sicherte die materielle Existenz der Familie. Mit seiner Inhaftierung werden die zurückgebliebenen Frauen und Kinder sehr häufig zu Sozialhilfeempfängern. Schulden erschweren in den meisten Fällen die Situation.

Zu der Verarmung gesellt sich die Diskriminierung. Der als Straftäter Verurteilte gilt öffentlich als »Krimineller«. Ihm und seiner Familie wird der unterste soziale Status zugewiesen. Damit müssen Frauen, Kinder und Eltern weiter in ihrer gewohnten Umwelt leben und die Folgen seines Tuns zu bewältigen suchen. Die Bewältigungstechnik der meisten Frauen besteht darin, sich selbst zu isolieren. Kontakte zu Mitmenschen werden verringert oder eingestellt. Nach Möglichkeit wird die Inhaftierung des Mannes verheimlicht. Um das zu erreichen, sind die Frauen praktisch gezwungen, andere Personen zu täuschen. Zugleich müssen sie möglichst viele Aufgaben des inhaftierten Mannes übernehmen. Daraus resultieren erhebliche Mehrfachbelastungen, die von einem großen Teil der Frauen, insbesondere in der Anfangsphase der Trennung, als Überforderung erlebt werden. Ein Teil von ihnen erkrankt psychisch oder physisch, manchmal auch in beiderlei Hinsicht. Oft berichten Mütter von Erziehungsschwierigkeiten. Ehefrauen bzw. Partnerinnen fühlen sich verlassen und einsam und leiden auch unter dem Verlust des Sexualpartners.

Die Trennung vom Mann kann jedoch auch den Effekt haben, daß Frauen im Verlauf der Trennungszeit selbständiger werden und nicht mehr bereit sind, die frühere Rollenverteilung zwischen Frau und Mann nach der Haftentlassung des Mannes zu akzeptieren.

Bei den Kindern zeigen sich in der Regel alterspezifische Trennungssymptome wie Einnässen, Schulschwierigkeiten und andere Verhaltensauffälligkeiten. Ein besonderes Problem ergibt sich aus dem Umstand, daß Eltern ihre Kinder manchmal lange über den wahren Aufenthaltsort des Vaters und seine Straftat zu täuschen versuchen und damit Gefahr laufen, das Vertrauensverhältnis zu ihren Kindern zu zerstören.

Die Schwere und Totalität, mit der sich Straftat und Inhaftierung auf Frauen und Kinder auswirken, macht diese in besonderer Weise hilfebedürftig. Zwar gibt es seit einiger Zeit Ehe- und Familienseminare, jedoch werden sie keineswegs in ausreichendem Maße angeboten. Zudem sind sie an vollzugliche Lockerungen (Urlaubsberechtigung) gebunden.

4. Von der Schwierigkeit, es als Bediensteter im Strafvollzug allen recht zu machen

Macht zu haben über andere Menschen, kann nach den Grundrechten unserer Verfassung nicht als erstrebenswertes Ziel gelten: Wir leben in einer Gesellschaft der Freien und Gleichen, die mündig, unabhängig, selbständig sein sollen. Im Strafvollzug aber ist vieles anders. Eine Gruppe, die der Bediensteten, hat für unsere gesellschaftlichen Verhältnisse ungewöhnlich viel Macht über eine andere Gruppe, die der Gefangenen. Bedienstete können gar nicht anders: sie müssen die von Staat und Gesellschaft gewünschte tiefgreifende Rechtsbeschränkung bei den Inhaftierten durchsetzen. Das bringt große Belastungen mit sich, nicht nur, weil die Inhaftierten sich den Beschränkungen zu widersetzen suchen. Es fehlt auch die eindeutige Zielsetzung: Die politisch Verantwortlichen wollen einen *sicheren* Strafvollzug, in dem sich keine Straftaten und Unordentlichkeiten ereignen und aus dem niemand entweicht. Sie wollen aber auch einen *humanen* Strafvollzug, in dem man den Gefangenen möglichst viele Freiheiten gewährt und ihnen mit Nachsicht begegnet. Und sie wollen einen *erfolgreichen* Strafvollzug, in dem Resozialisierungsprogramme durchgeführt werden. Schließlich sollen alle diese Ziele auch ohne großen Kostenaufwand erreicht werden. Da sich das aber nicht alles auf einen Nenner bringen läßt, werden den Bediensteten Vorwürfe gemacht. Vorprogrammierte Pannen werden, so empfinden sie es wenigstens, ihnen angelastet.

Für die Beamten der Aufsichtsbehörde mag es noch am leichtesten sein, mit einer Forderung wie: »Wir resozialisieren in Sicherheit« zu leben; der Anstaltsleiter hingegen muß in Kenntnis der Risiken für die Allgemeinheit, der Nöte und Bedürfnisse der Gefangenen und der Chancen einer resozialisierenden Behandlung Entscheidungen treffen, mit denen er notwendigerweise irgendeines der genannten Prinzipien verletzt. Die im Vollzugsdienst tätigen Psychologen, Lehrer und Sozialarbeiter sehen nach ihrem beruflichen Selbstverständnis zuallererst den straffälligen Menschen in einer ihn schwer belastenden Situation. Sie haben Mühe damit, überzogen erscheinende Ordnungs- und Sicherheitsbelange, umständliche Verwaltungsabläufe und fiskalische Beschränkungen zu akzeptieren. Mitunter fühlen sie sich mißbraucht, weil sie eine ihnen wesensfremde staatliche Strafmaßnahme »abfedern« sollen.

Den engsten und häufigsten Kontakt zu den Gefangenen haben die Beamten des allgemeinen Vollzugsdienstes. Sie müssen das, was der Gefangene am deutlichsten als Strafübel empfindet, nämlich die täglichen Beschränkungen der Lebensführung, das Einschließen im Haftraum, anordnen und verwirklichen. Zu ihren Aufgaben gehört es oft, den Gefangenen mitzuteilen, daß andere Bedienstete ihre Bitten und Wünsche abgelehnt haben. Ihre selbständigen Befugnisse sind indessen gering.

Der tägliche Umgang der Bediensteten mit den Gefangenen wird durch die erwähnten Zielkonflikte, aber auch durch die zunehmende Bürokratisierung und Formalisierung beeinträchtigt. Die Zeit, die die Bediensteten damit verbringen, sicherheitsrelevante Anstaltsteile auf Bildschirmen zu beobachten und Gegensprechanlagen zu benutzen, steht ihnen für die Betreuung der Gefangenen nicht mehr zur Verfügung. Besuche und sonstige Kontakte zwischen Gefangenen und ihren Angehörigen werden knapp gehalten und formalisiert abgewickelt.

In der Vollzugsanstalt Darmstadt, belegt mit rund 600 Gefangenen, steht für die zweimal im Monat möglichen 45-Minuten-Besuche ein Raum zur Verfügung, in dem 15 bis 16 Tische mit je vier Stühlen Platz haben. Der Geräuschpegel ist hoch und die Luft ist schlecht, worunter insbesondere besuchende Kinder leiden. Wie sollen sich Ehepartner unter solchen Umständen in der eigentlich nötigen Weise auf ihr Gespräch konzentrieren können?

Auch die Bediensteten können sich nicht wohlfühlen, wenn sie solche Veranstaltungen bewachen müssen – was jedenfalls grundsätzlich unvermeidbar ist. Sie erfüllen eine Aufgabe, ohne eigenen Entscheidungsspielraum zur Verfügung zu haben. Wünsche von Gefangenen können sie nur entgegennehmen und weiterleiten, selten aber selbst befriedigen. Sie, die in den Augen der Gefangenen und der Öffentlichkeit so viel Macht haben und den Schlüssel in den Händen halten, empfinden sich selbst als ohnmächtig. Ihr Sozialstatus ist zwar in den letzten Jahren besser geworden: sie erhalten eine höhere Besoldung, mehr Urlaub, werden früher pensioniert, aber ihre verbesserte und teilweise recht anspruchsvolle Ausbildung findet oft keine Entsprechung in der später von ihnen zu verrichtenden Arbeit.

Das Sonderproblem der weiblichen Bediensteten entspricht dem allgemeinen Problem weiblicher Berufstätiger in unserer Gesellschaft: sie sind, in der Regel Ehefrauen und Mütter, der typischen Doppelbelastung ausgesetzt. Man sollte ihrem Engagement jedenfalls durch eine großzügige Personalbemessung oder eine flexible Dienstplangestaltung Rechnung tragen.

5. Von der Schwierigkeit, ehrenamtlich Hilfe im Strafvollzug zu leisten

Ehrenamtliche Betreuer, Vollzugshelfer, freie Helfer oder wie sie sonst bezeichnet werden, wirken seit Anfang der 70er Jahre in verstärktem Maße an der Gestaltung des Vollzuges mit. Frauen und Männer von draußen suchen aus karitativem oder sozialem Engagement einzeln oder in Gruppen Gefangene auf. Sie holen sie heraus aus ihrer Einsamkeit, helfen bei der Weiterbildung oder bei vielfältigen Freizeitbeschäftigungen.

Wichtigste Aufgabe der ehrenamtlichen Betreuer aber ist es, den Gefangenen den Weg in die Freiheit zu ebnen. Viele lange Strafen, insbesondere auch lebenslängliche Freiheitsstrafen, könnten nicht zur Bewährung ausgesetzt werden, wenn nicht ehrenamtliche Helfer den bindungslosen Gefangenen ihre Wohnung und oftmals den Kreis ihrer Familie zum regelmäßigen Besuch im Urlaub aus der Haft geöffnet hätten.

In der Justizvollzugsanstalt allerdings begegnen die Bediensteten aller Sparten den »Ehrenamtlichen« mit ambivalenten Gefühlen. Einerseits erkennen sie ihre Leistungen an und sind sogar stolz darauf, was in der Anstalt an Betreuung geschieht. Denn manches, was diese Helfer leisten, müßte eigentlich vom Strafvollzug selbst geleistet werden. Andererseits betrachten die Beamten die ehrenamtlichen Helfer mit einer gewissen Eifersucht und mit Mißtrauen, weil sie, die Helfer, die Gebenden sind, während das Personal von den Gefangenen in erster Linie beschränkend und einschließend erlebt wird.

So wird den »Ehrenamtlichen« ihre Arbeit oft unnötig erschwert durch penible Kontrollen und nicht immer nachvollziehbare Einschränkungen ihrer Arbeit. »Ordnung und Sicherheit« müssen zur Begründung herhalten. Vor allem die zahlreichen Frauen unter den ehrenamtlichen Betreuern müssen sich nicht selten verletzende Bemerkungen anhören, mit denen die Aufrichtigkeit ihrer Motive für die Arbeit mit Gefangenen angezweifelt wird.

Was könnte man tun, um diese Schwierigkeiten zu beseitigen? Bessere Information über die Rolle der ehrenamtlichen Helfer und Helferinnen wäre jedenfalls nötig. Sie müßte vom Anstaltsleiter ausgehen.

Außerdem sollte den ehrenamtlichen Helfern in den Anstalten ein Ansprechpartner zur Verfügung stehen, der dann erreichbar ist, wenn sie ihre Betreuungsarbeit leisten, also nach Dienstschluß und an den Wochenenden.

Vertrauensvolle Zusammenarbeit zwischen »Professionellen« und »Ehrenamtlichen« im Strafvollzug muß – aus vielen Gründen – das Ziel sein: Ehrenamtliche Helfer und Helferinnen sind im Rahmen eines durch den Resozialisierungsgedanken geprägten Strafvollzugskonzepts keine Lückenbüßer, sondern können infolge ihrer Lebenserfahrung und Berufsqualifikation notwendige Funktionen ausüben. Wenn beispielsweise Mitarbeiter von Arbeitsämtern, Industrie- und Handelskammern, Banken und Sparkassen, von Schuldnerberatungsstellen und Rechtsberatungsstellen, von Freien Wohlfahrtsverbänden, Volkshochschulen und Kirchen sich für die Arbeit mit Gefangenen zur Verfügung stellen, sollten sie alle erdenkliche Hilfe von den Behörden erhalten. Besondere Bedeutung kommt der ehrenamtlichen Hilfe für Jugendliche, Drogenabhängige und für ausländische Gefangene zu.

Welches »Resozialisierungspotential« die ehrenamtlichen Helfer darstellen, wird am Beispiel des Landes Baden-Württemberg deutlich: Den rund 3.000 Strafvollzugsbediensteten stehen hier etwa 900 ehrenamtliche Betreuer gegenüber. Schwerpunkte ihrer Tätigkeit sind Gesprächsgruppen, Sportveranstaltungen und andere Freizeit- sowie Lernprogramme.

Unabdingbare Voraussetzung für diese Arbeit ist ein möglichst freier, ungehinderter, unüberwachter Kontakt zwischen den »Ehrenamtlichen« und den Gefangenen. Ihr Schriftwechsel sollte nicht kontrolliert werden; gegen Entscheidungen der Vollzugsbehörde sollte es Rechtsschutzmöglichkeiten geben. Wer sich dauerhaft in der ehrenamtlichen Hilfe und Betreuung für Strafgefangene engagiert, sollte die Möglichkeit einer spezifischen Fortbildung erhalten. Das würde auch den Rang dieser Arbeit in den Augen der offiziell im Strafvollzug Tätigen und der Öffentlichkeit erhöhen.

6. Von der Schwierigkeit, als Gefängnisseelsorger Leib und Seele des Gefangenen zu betreuen

Gefängnisseelsorger stehen unter einer doppelten Verpflichtung. Sie sind, unabhängig von ihrem Anstellungsverhältnis im einzelnen, von ihrem Auftrag her Diener der Kirche und nehmen pastorale Aufgaben wahr. Das Strafvollzugsgesetz zählt sie jedoch auch zum Kreis der Vollzugsbediensteten und weist sie zur Mitarbeit am Vollzugsziel, der sozialen Integration der Inhaftierten und den daraus resultierenden Vollzugsaufgaben an.

Die Empfehlungen der EKD von 1979 haben dazu festgestellt:

- Die Seelsorge nimmt ihre Verantwortung im Justizvollzug mit den am Vollzug Beteiligten wahr.
- Sie identifiziert sich nicht mit dem Strafgeschehen, hilft jedoch, es zu verarbeiten.
- Sie bejaht den Behandlungsvollzug, geht aber nicht in ihm auf.
- Sie leistet auf ihre Weise einen Beitrag zum Vollzugsziel.
- Sie bietet einen Raum der Bewahrung an und führt zur Gemeinschaft.

Diese Beschreibung des Auftrags der Gefängnisseelsorge behält Gültigkeit. Wie die Gefängnisseelsorger ihre Aufgaben im einzelnen zu lösen versuchen, steht im Zusammenhang mit der jeweiligen Situation im Gefängnisalltag und hängt auch von dem Selbstverständnis des Seelsorgers ab. Aus theologischer Sicht steht die Arbeit des Gefängnisseelsorgers unter dem Leitbild der Versöhnung. In der Versöhnungslehre liegt ein Herzstück des Evangeliums. Wie aber kann Versöhnung verkündet und erreicht werden in einer Situation, die von Mauern, Mißtrauen, Trennungstendenzen und Feindbildern geprägt ist?

Die Grundsituation weitgehender Entmündigung und umfassenden Versorgtwerdens, in der sich der Gefangene befindet, bringt es mit sich, daß er auch die Wiedereingliederung als etwas ansieht, das von außen an ihn herangetragen werden muß, für das im wesentlichen andere zuständig sind. Diese Rollenerwartung trifft sehr massiv auch den Pfarrer: Er soll ständig verfügbar und erreichbar sein, die

Haftsituation erleichtern, vermeintliche und offenkundige Benachteiligungen bekämpfen, Kontakte zur Außenwelt aufrechterhalten, persönliche Probleme aufarbeiten helfen und vieles andere mehr. Die Wünsche werden häufig verschlüsselt vorgetragen, und der Seelsorger bedarf eines wachen Ohres, um die wahre Zielrichtung zu erkennen. Nicht selten erlebt er sich dabei auch manipuliert, da der Gefangene unter dem Druck der Situation alle möglichen Anstrengungen macht, das Ziel seiner Wünsche zu erreichen.

In vielen Fällen wird der Seelsorger die Anliegen der Gefangenen aufgreifen und ihnen angemessen zu entsprechen suchen. Er wird dabei Möglichkeiten bedenken, die Selbständigkeit des Gefangenen zu stärken – so eingegrenzt diese Möglichkeiten auch sind. Da aber an Entscheidungen innerhalb und außerhalb der Anstalt immer mehrere Personen beteiligt sind, bleibt auch der Seelsorger mit seinen Bemühungen oft auf der Strecke. Ähnlich wie der Gefangene selbst macht er häufig die Erfahrung, letztlich ohnmächtig zu sein.

Auch die Bediensteten richten seit Inkrafttreten des Strafvollzugsgesetzes verstärkt Erwartungen an den Seelsorger. Zur Zusammenarbeit verpflichtet, wünschen sich Bedienstete den Seelsorger als einen der ihren: Daß der Pfarrer die Gefangenen gut kennt, ist nützlich, wenn diese beurteilt werden müssen; daß die Gefangenen dem Pfarrer in der Regel vertrauen, ist gut für die Ruhe im Vollzugsalltag; daß der Pfarrer sich für die Gefangenen einsetzt, ist gut, weil die Bediensteten sich dadurch Entlastung versprechen. Tatsächlich weichen die Erwartungen der Gefangenen und die Erwartungen der Bediensteten an den Pfarrer sehr oft voneinander ab, wodurch dieser häufig in den Zustand des »Hin- und Hergerissenseins« gerät. Mißtrauen und Mißverständnisse stellen sich ein, wenn der Seelsorger sich für Gefangene einsetzt, deren Verhältnis zu Bediensteten gestört ist. Wenn es ihm jedoch gelingt, Vertrauen zu erringen und deutlich zu machen, was in der jeweiligen Situation seines Amtes ist, wird sein Dienst allgemein akzeptiert. So schätzt man es, wenn er sich schwieriger Gefangener annimmt und sich etwa zur Lösung einer festgefahrenen Situation »zwischen die Fronten« begibt und auf diese Weise hilft, Spannungen in der Anstalt abzubauen.

Allgemeine Erfahrung ist, daß die Gefangenen heute ein anderes Bewußtsein haben als früher. Für viele steht nicht mehr im Vordergrund, daß sie eine geltende Norm verletzt haben; sie sehen sich vielmehr als Menschen, die vom Schicksal benachteiligt sind, die man erwischt hat, während andere in den verfilzten Strukturen der Gesellschaft ähnliches tun wie sie, ohne dafür bestraft zu werden. Das Recht wird von diesen Gefangenen einseitig aus der Perspektive der Macht gesehen und auch so erlebt. Da der Alltag im Gefängnis diese Sicht immer wieder verstärkt, sind dem Verständnis und der Aufarbeitung von Schuld in theologisch-ethischem Sinn in diesem Rahmen deutliche Grenzen gesetzt – auch in den Gesprächen des Seelsorgers.

Auch die Bediensteten zeigen ein gewandeltes Selbstverständnis. Viele von ihnen fühlen sich nicht als Glieder eines Ganzen, die an der Bewältigung einer gemeinsamen Aufgabe mitarbeiten, sondern mehr als Arbeitnehmer, die um des Broterwerbs willen ihre Pflicht nach bestimmten Dienstvorschriften erfüllen. Wenn sie einseitig um ihre Interessen kämpfen, bleibt ihre wahre Berufsaufgabe auf der Strecke. Dann wird auch das Grundanliegen der Seelsorge von ihnen immer weniger verstanden. Der Pfarrer muß die schwierigen Arbeitsbedingungen der Bediensteten in Rechnung stellen. In seinem spezifischen Auftrag wird er sich jedoch nicht beirren lassen dürfen.

In einem Punkt allerdings steht der Seelsorger vor einer Problematik, wie sie sich auch dem Bediensteten präsentiert: Da die Verwaltungsabläufe immer schematischer werden und Ressortdenken in den Vordergrund rückt, erlebt auch der Pfarrer den Strafvollzug als komplizierten und schwerfälligen Apparat. Das Leben wird zum Vorgang auf dem Papier mit Berichtspflicht und Wiedervorlage. Es vollzieht sich ein ständiger Prozeß der Festschreibung von Fakten, Beobachtungen und Beurteilungen eines teils lange zurückliegenden Verhaltens. Dies widerspricht grundsätzlich dem Ansatz des Pfarrers, der dem Menschen Zukunft eröffnen will. Wo alles verwaltungsmäßig organisiert und technisch gesteuert wird, sind lebendige Aussprache und ein Zusammenwirken mit Bediensteten sowie mit den im Vollzug tätigen Fachleuten auch bei allseits gutem Willen nur begrenzt möglich.

Der Pfarrer hat es schwer, in der Situation einer durchgehenden »Verrechtlichung« des Anstaltslebens seine pastorale Identität zu finden. »Seelsorge« ist es, wofür er von der Kirche in den Strafvollzug gesandt ist und was auch das Strafvollzugsgesetz von ihm erwartet.

Aber die Wahrnehmung dieses Auftrages ist im Rahmen der »Institution Strafvollzug« oft etwas Zusätzliches oder sogar Gegenläufiges. Die Wirklichkeit des Strafvollzugs läßt sich nur schwer mit der Aufgabe vereinen, das Evangelium zu veranschaulichen und das Gefängnis als Praxisfeld christlichen Glaubens zu erleben. Wie soll man von Vergebung und Liebe predigen in einer Welt von Vergeltung und Konfrontation? Zu teilen und dem zu geben, der weniger hat: diese Forderung Jesu hat auch im Gefängnis ihre Berechtigung, und sie könnte auch verwirklicht werden. Aber sie muß denen, die sie verwirklichen sollen und die alle nur wenig besitzen und unter Mangel leiden, so vermittelt werden, daß sie nicht wie Hohn erscheint. Auch im Gefängnis, ja gerade dort, wäre es angebracht, daß sich nach spontaner Entscheidung »zwei oder drei in seinem Namen versammeln« könnten, damit Gott bei ihnen sei – aber dem stehen Vorschriften und Regelungen entgegen.

Die Widersprüche zwischen der Botschaft des Evangeliums und der Welt des Gefängnisses nach Möglichkeit zu überwinden, stellt eine große Herausforderung an den Pfarrer dar. Er wird die Welt des Gefängnisses mit ihren Merkmalen Bestrafung, Mißtrauen, Liebesentzug, Fremdbestimmung und Entscheidungsverlust als »eine Art Gegenwelt zum Evangelium« (W. Härle) empfinden und doch immer daran denken müssen, daß die Kirche mit ihrer Verkündigung und ihrem seelsorgerlichen Dienst gerade im Gefängnis am richtigen Platz ist. Denn Jesus ist nicht zu den Gesunden und Wohlgeratenen gegangen, sondern zu den Schuldigen, Verlorenen, Kranken und Geächteten.

So muß der Gefängnisseelsorger der ständigen Versuchung widerstehen, unter dem Druck der Situation einen heimlichen Rollentausch vorzunehmen und sich als eine Art Sozialarbeiter, Therapeut oder Psychologe zu verstehen. Er ist, auch wenn es für ihn unumgänglich wird, diese Funktion gelegentlich auszuüben, letztlich allein »Botschafter an Christi Statt«. Und er wird dieses Amt um so besser und frohgemuter wahrnehmen können, je entschiedener die christliche Gemeinde und seine Kirche hinter ihm stehen.

7. Von der Schwierigkeit, sich als Haftentlassener wieder in die Gesellschaft einzugliedern

Viele Gefangene träumen in der Zelle von der besseren Zukunft, die ihnen nach der Entlassung bevorsteht: von der Familie, die sie gründen möchten, vom schönen Zuhause, von der festen Arbeitsstelle, den angenehmen Nachbarn. Und doch wissen die meisten von ihnen, daß der schlimmste Teil der Strafe oft erst mit dem Tag der Entlassung beginnt. Es ist ein grauer Tag, dessen Ablauf wenig Hoffnung spendet. Denn es gibt keine Zeremonie der Wiedereingliederung, keine Übergangsrolle für den Haftentlassenen, keine Institution, die, vergleichbar dem Gericht beim Urteilsspruch, nun die *Ausgliederung aus dem Gefängnis* in ritualisierter Form bestätigen würde. Die Gesellschaft zelebriert den Schuldspruch, aber sie anonymisiert die Wiedereingliederung.

Sie kennt auch, anders als die staatlichen Instanzen, keine Begnadigung, keine Bewährungsfrist, keine Strafe auf Zeit. Zu häufig lautet ihr Urteil: Lebenslänglich! Sie scheidet den straffällig gewordenen Mitbürger aus und macht ihm trotz aller gegenteiligen Bemühungen die Eingliederung schwer oder ganz unmöglich. So kommt der Haftentlassene aus der Situation der perfekten Versorgung in eine Freiheit, die, vor allem nach mehrjähriger Inhaftierung, vielfache Unsicherheit bedeutet. Er hat gute Vorsätze, aber häufig unrealistische Pläne. Einerseits ist er freudig erregt und voll Optimismus, und zum andern zeigt er sich nunmehr ängstlich, gespannt, übertrieben empfindlich und unsicher. Er befindet sich in einer psychologischen Ausnahmesituation. Hinzu kommt nicht selten eine innere Verbitterung über die verlorenen Jahre im Gefängnis, die sich zunächst gegen den Staat und schließlich gegen die gesamte Gesellschaft richtet.

Je öfter und länger jemand inhaftiert war, um so auffälliger sind die Fähigkeiten und Eigenschaften verschüttet, die man in unserer Gesellschaft besonders dringend benötigt – so beispielsweise Entscheidungsfähigkeit, gesundes Selbstvertrauen, eine dosierbare Rücksichtslosigkeit, selbstbestimmte Handlungsfähigkeit und Anpassungsfähigkeit. Schon verhältnismäßig kleine Schwierigkeiten können den Haftentlassenen wieder aus der Bahn werfen.

Diese Tatsache diskreditiert nicht die Idee der Resozialisierung, sondern nur die bisherige Form ihrer Verwirklichung.

Wiedereingliederung, so hat es auch das Bundesverfassungsgericht beschrieben, ist ein Vorgang, an dem sich sowohl der Straffällige als auch die Gesellschaft beteiligen müssen:

»*Das entscheidende Stadium beginnt mit der Entlassung. Nicht nur der Straffällige muß auf die Rückkehr in die freie menschliche Gesellschaft vorbereitet werden; diese muß ihrerseits bereit sein, ihn wieder aufzunehmen. Verfassungsrechtlich entspricht diese Forderung dem Selbstverständnis einer Gemeinschaft, die die Menschenwürde in den Mittelpunkt ihrer Wertordnung stellt und dem Sozialstaatsprinzip verpflichtet ist. Als Träger der aus der Menschenwürde folgenden und ihren Schutz gewährleistenden Grundrechte muß der verurteilte Straftäter die Chance erhalten, sich nach Verbüßung seiner Strafe wieder in die Gemeinschaft einzuordnen ... Von der Gemeinschaft aus betrachtet, verlangt das Sozialstaatsprinzip staatliche Vor- und Fürsorge für Gruppen der Gesellschaft, die aufgrund persönlicher Schwäche oder Schuld, Unfähigkeit oder gesellschaftlicher Benachteiligung in ihrer persönlichen und sozialen Entfaltung behindert sind; dazu gehören auch die Gefangenen und Entlassenen.*«

Auf dem Papier macht sich das Sozialstaats-Prinzip sehr gut. Wie aber sieht die Wirklichkeit aus? Bereits am ersten Tag der Freiheit stehen fast alle Haftentlassenen vor erheblichen finanziellen Forderungen. Auch nach längerer Strafzeit haben sie nur wenig Geld sparen können. Wer nicht in einer sozialen Einrichtung, bei Verwandten oder Bekannten unterkommen kann, muß sich ein Zimmer mieten, Vorauszahlungen leisten. Den geringen Finanzmitteln steht bei vielen Haftentlassenen ein gewaltiger Schuldenberg gegenüber. Kreditinstitute, Versicherungen, Krankenkassen, Kaufhäuser, Rechtsanwälte, Opfer und Privatgläubiger versuchen, ihre Ansprüche einzutreiben. Hinzu kommen oft noch die Kosten des Strafverfahrens und die Ansprüche des Sozialamtes, wenn dieses für den Unterhalt Familienangehöriger aufkommen mußte.

Hat der Gefangene nach seiner Entlassung wieder eine Arbeit gefunden, führt die hohe Verschuldung häufig zu einer Gefährdung des Arbeitsplatzes, weil Pfändungsbeschlüsse nicht lange auf sich warten lassen. Das ist bei Arbeitgebern äußerst unbeliebt. Wenn hier keine Entlassenenhilfe-Stelle eingreift, resigniert der Entlassene schnell. Er sieht keinen Ausweg mehr und verliert jegliches Interesse an der Abtragung der Schuldenlast, taucht unter, nimmt nur noch Gelegenheitsarbeiten wahr in der Hoffnung, so den Forderungen seiner Gläubiger zu entgehen.

Beratungsstellen der Straffälligenhilfe sowie die Schuldnerberatungsstellen könnten ihm bei der Schuldenregulierung helfen – aber er muß diese Möglichkeiten kennen. Schon während der Haft sollte er über den Sozialdienst Kontakt zu einer Hilfestelle aufnehmen, damit das Entschuldungsverfahren rechtzeitig eingeleitet werden kann. Aber einen richtigen Sinn bekäme dieser Hinweis erst dann, wenn dem Strafgefangenen während der Haftzeit ein gerechter, d. h. der volle Lohn für seine Arbeit gezahlt würde. Das System des völlig unzureichenden Arbeitsentgelts macht es dem hierzu bereiten Täter unmöglich, während der Haftzeit materielle Wiedergutmachung zu leisten. Und nach der Entlassung kann er es auch nicht.

Es ist bekannt, daß ehemalige Gefangene nur schwer einen Arbeitsplatz finden. Das liegt nicht nur an der fehlenden beruflichen Qualifikation und der durch den Vollzug eingetretenen Berufsentfremdung. In vielen Firmen wird ein Führungszeugnis verlangt. Oft ist der Bewerbung ein Lebenslauf hinzuzufügen. So gut wie immer aber wird eine Übersicht über die Beschäftigungsverhältnisse der letzten zwei bis drei Jahre verlangt. Falsche Angaben berechtigen den Arbeitgeber zu fristloser Kündigung. Der Entlassene muß hier also seine Delinquenz mitteilen, was seine Chancen, Arbeit zu finden, erheblich verringert. Wenn er sie verschweigt, muß er seine Gespräche mit Kollegen dauernd kontrollieren, weil er befürchten muß, daß seine Vorgeschichte dem Arbeitgeber zugetragen wird. Er wird daher engere Kontakte mit Kollegen vermeiden und sich isolieren.

Auch wenn Haftentlassene einen Arbeitsplatz und eine Unterkunft gefunden haben, sind ihre Probleme noch nicht beseitigt. Wiedereingliederung bedeutet mehr, nämlich, daß der Haftentlassene ein ausgefülltes Leben führen kann, daß er sich als soziales Wesen begreift und als solches anerkannt wird. Im Gefängnis gab es für den Gefangenen eigentlich nur zwei Möglichkeiten sozialer Kontakte: zu den Beamten und zu den Mitgefangenen. Beides waren aber nicht »normale« Kontakte, wie sie Bestandteil des Alltagshandelns sind; dem häufig vielleicht nicht vermeidbaren Befehls- und Kommandoton der Beamten stand die plumpe Vertraulichkeit der Mitgefangenen gegenüber. So hat es der Gefangene verlernt, spontane und alltägliche Beziehungen zu Angehörigen, Freunden, Arbeitskollegen oder auch zu Fremden anzuknüpfen und zu unterhalten. Und, was noch viel schwerer wiegt, er hat den Umgang mit Frauen verlernt. Häufig sieht er in der Frau nur ein bloßes Sexualobjekt, oder er idealisiert sie zu einem übermenschlichen Wesen, das allein ihn aus seiner Not retten kann und soll.

Diese sozialen Kontaktschwierigkeiten bilden ein besonderes Problem bei der Entlassung, da nur wenige Gefangene in die soziale Obhut der Familie und an die frühere Arbeitsstelle zurückkehren können. Gerade hier aber könnten sie am ehesten wieder zu normalen zwischenmenschlichen Beziehungen zurückfinden.

Was für Männer im Strafvollzug gilt, gilt für Frauen grundsätzlich in stärkerem Maße: die äußeren Umstände des Strafvollzugs belasten sie im allgemeinen noch mehr. Daher ist der Ausbau von Entlassenenhilfen bei Frauen dringend erforderlich.

8. Von der Schwierigkeit, Straffälligenhilfe allein am bedürftigen Menschen auszurichten

Straffälligenhilfe im heutigen Sinne hat sich in Deutschland erst im 19. Jahrhundert entwickelt, und zwar in der Form der Entlassenenfürsorge. Strafen zu vollziehen blieb ausschließlich Sache des Staates. Die Fürsorge für die entlassenen Gefangenen überließ der Staat dagegen ganz der Gesellschaft. Eine Aufgabe, die zunächst allein von der Kirche wahrgenommen wurde. In neuerer Zeit hat aber auch der Staat begonnen, sich allmählich für die Strafentlassenenhilfe zuständig zu erklären.

Und dafür gibt es auch gute Gründe. Resozialisierung läßt sich eben durch Freiheitsentzug allein nicht bewirken. Der Mensch ist keine Topfpflanze, die man für eine gewisse Zeit an einen anderen Ort stellen kann, damit sie sich besser entwickle. Der Freiheitsentzug hat die Fähigkeit des Gefangenen, mit den Schwierigkeiten des Lebens fertig zu werden, oft noch weiter beeinträchtigt. Seine ersten Schritte nach der Entlassung bedürfen der sorgfältigen Begleitung.

Deshalb gibt es Gerichtshelfer, Jugendgerichtshelfer, Sozialarbeiter und Bewährungshelfer, die sich des Menschen annehmen, der die Stadien des Beschuldigten, Angeklagten, Verurteilten, Gefangenen und Entlassenen durchläuft. Alle diese Helfer (und Helferinnen) werden vom Staat bezahlt; sie handeln in seinem Auftrag und in den von ihm gesteckten Grenzen.

Daneben erheben aber auch die Vertreter der freien Wohlfahrtsverbände, der Kirchen, der Gefängnisvereine und örtlichen Kontaktgruppen den Anspruch, Gefangenen helfen zu wollen und zu können. Heute gibt es im Bundesgebiet mehr als 2500 Organisationen samt Unter- und Nebenverbänden, die freiwillige Straffälligenhilfe leisten.

Die Teilung in staatliche Gefangenenfürsorge und gesellschaftliche Entlassenenfürsorge – ein Überbleibsel der geschichtlichen Entwicklung – führt auch in ihrer heutigen Form zu einer strukturellen Beeinträchtigung der Resozialisierungsbemühungen: innerhalb der Mauern und bei der Bewährungshilfe hat die Justizbehörde das Sagen und damit auch finanzielle Verpflichtungen, während der ehemalige Straffällige nach der Entlassung in die Zuständigkeit der Sozialbehörde fällt. So weiß manchmal die eine Hand nicht, was die andere tut. Da Straffälligenhilfe auch viel Geld kostet, werden Zuständigkeiten häufig nur widerwillig akzeptiert. Im Interesse der gemeinsamen Aufgabe muß also ein sachorientiertes, ganzheitliches Konzept entwickelt werden, das im besonderen auch die Finanzierung klar regelt.

Hinzu kommt: Viele Köche verderben den Brei. Diese Gefahr besteht auch bei der Straffälligenhilfe. Obwohl sicherlich auf allen Seiten gute Absichten walten, ist der gegenwärtige Zustand u. a. durch einen Mangel an Zusammenarbeit zu kennzeichnen. Jede Institution oder Gruppe glaubt, mehr von der Sache zu verstehen. Man kämpft um Konzepte, Kompetenzen und mehr und mehr auch um Finanzmittel. Freie Organisationen werfen den staatlichen vor, bestimmte Aufgaben gar nicht lösen zu können, weil sie weder die nötige Bewegungsfreiheit noch das nötige Vertrauen bei den Betroffenen hätten. Vertreter des offiziellen Strafvollzugs wiederum begegnen jedenfalls einem Teil der »Freien« mit Mißtrauen – weil diese nicht die erforderliche Ausbildung und Ausdauer hätten und überhaupt unsichere Kantonisten seien.

Die Schwierigkeiten der justizeigenen sozialen Dienste und ihre mangelnden Erfolge haben eine wesentliche Ursache in ihrer jeweils begrenzten Zuständigkeit, die sich folgendermaßen skizzieren läßt:

Die *Gerichtshilfe* ist als Ermittlungsstelle für Staatsanwaltschaft und Gericht konzipiert; sie ermittelt die persönliche und soziale Lage eines Beschuldigten, damit das Gericht diese Informationen bei seiner Entscheidung mit berücksichtigen kann. In Erweiterung ihres ursprünglichen Auftrags wirkt sie heute auch dabei mit, förmliche Gerichtsverfahren überflüssig zu machen: Wer wegen eines Vergehens beschuldigt ist, kann die Erhebung einer öffentlichen Klage vermeiden oder die vorläufige Einstellung seines Verfahrens erreichen, indem er dem Tatopfer Wiedergutmachung leistet, eine gemeinnützige Leistung erbringt oder seinen Unterhaltspflichten nachkommt. Bei der Realisierung solcher Aufgaben und Weisungen können Gerichtshelfer mitwirken.

Jugendgerichtshelfer, die im Auftrage von Jugendamt und Jugendhilfevereinigungen während der Ermittlungen und dann im Gerichtsverfahren tätig werden, sollen neben den persönlichen auch die »sozialen, erzieherischen und fürsorgerischen Gesichtspunkte zur Geltung bringen«. Sie haben die Erfüllung der Auflagen und Weisungen des Gerichts zu überwachen und für den Fall, daß ein Jugendlicher nicht mit Auflagen davonkommt, sondern zu Freiheitsentzug in einer Jugendstrafanstalt verurteilt wird, ihn dort zu betreuen und ihm bei der Entlassung und Wiedereingliederung behilflich zu sein. Diesem umfassenden Anspruch wird die Jugendgerichtshilfe allerdings in der Praxis nicht gerecht. Schon der Name macht das grundsätzliche Dilemma beider Zweige dieser Institution deutlich: Ein »Gerichts«-helfer kann nicht gleichzeitig in vollem Umfang Helfer des Beschuldigten sein.

Die *sozialen Dienste* der Strafvollzugsanstalten sollen dazu beitragen, den Gefangenen zu befähigen, künftig in sozialer Verantwortung ein Leben ohne Straftaten führen zu können – wie das Strafvollzugsgesetz es vorsieht. Außerdem sollen sie den Gefangenen systematisch auf die Entlassung vorbereiten. Diese Aufgaben zu verwirklichen, wird den Sozialarbeitern der Anstalten durch folgende Faktoren erschwert:

1. Personalnot: Jeder Sozialarbeiter hat im Schnitt etwa 75 Gefangene zu betreuen. Im einzelnen bestehen erhebliche Unterschiede: Es gibt Sozialarbeiter, die für 200 Gefangene zuständig sind, und andere, etwa in Sozialtherapeutischen Anstalten, die mit einem Kreis von 10 Gefangenen arbeiten können.
2. Die Sozialarbeiter sind durch Verwaltungsaufgaben überlastet.
3. Da die Sozialarbeiter nicht nur helfen, sondern auch kontrollieren sollen, erwerben sie oft nicht das nötige Vertrauen bei den Gefangenen.
4. Viele Sozialarbeiter haben kaum einen Kontakt zu der bisherigen Umwelt des Inhaftierten und können ihn auch nicht erwerben; sie können daher im Rahmen der Vorbereitung zur Entlassung auch keinen Einfluß auf das soziale Umfeld des Gefangenen ausüben.

Die *Bewährungshilfe* und die *Führungsaufsicht* setzen erst dann ein, wenn eine Strafrestaussetzung zur Bewährung beschlossen bzw. Führungsaufsicht angeordnet ist. Es liegt nicht in der Zuständigkeit der Bewährungshilfe, sich am Behandlungsprogramm während des Strafvollzugs zu beteiligen. Nach der Haftentlassung haben Bewährungshelfer die schwierige Aufgabe, Kontroll- und Hilfemaßnahmen bei derselben Person zum gleichen Zeitpunkt ausüben zu müssen. Die

Beziehung zwischen Bewährungshelfer und Klient wird nicht auf freiwilliger Basis begründet. Es kommt hinzu, daß Bewährungshelfer im Bundesdurchschnitt mehr als 60 Straffällige zu betreuen haben. Als fachlich vertretbar wird es angesehen, daß ein Bewährungshelfer 30 Probanden betreuen kann.

Trotz dieses schon bestehenden Mißverhältnisses und der steigenden Zahl von Personen, die unter Bewährungs- bzw. Führungsaufsicht gestellt werden, drängen Politiker im Verein mit Rechnungshöfen darauf, weitere Bewährungshelfer-Planstellen einzusparen. »Rationalisierungsreserven« seien noch vorhanden, stellte der Niedersächsische Landesrechnungshof fest, als auf einen hauptamtlichen Bewährungshelfer 53 Probanden kamen. Inzwischen sind es 59.

Die Logik der Entwicklung erforderte völlig andere Konsequenzen: Die Gerichte sind mit der Verurteilung zu einer unbedingten Freiheitsstrafe viel zurückhaltender als früher (sie tun es nur noch in 6 Prozent aller Fälle). Wegen dieser veränderten Spruchpraxis der Gerichte nimmt aber die Zahl der Strafaussetzungen oder Entlassungen zur Bewährung ständig zu. Unter diesen Umständen müßte das Resozialisierungspotential der Bewährungshilfe gestärkt, neue Planstellen müßten eingerichtet werden. Das geschieht jedoch in kurzsichtigem Blick auf die Haushaltslage nicht.

So wird die Arbeit für die Mitarbeiterinnen und Mitarbeiter der Straffälligenhilfe, ob sie nun im Auftrage des Staates oder gesellschaftlicher Institutionen tätig sind, immer schwieriger und undankbarer. Alle erwarten etwas von ihnen: die Strafentlassenen hoffen auf individuelle Zuwendung und möglichst ständige Hilfsbereitschaft, Behörden und Öffentlichkeit pochen auf Effektivität und machen eine Kosten-Nutzenrechnung auf. Neue Probleme unserer Gesellschaft (Verarmung größerer Bevölkerungsgruppen, Langzeitarbeitslosigkeit, Zunahme älterer und pflegebedürftiger Menschen; Zunahme psychosozialer Probleme; Gefährdung durch Alkohol und Drogen) bringen es mit sich, daß die Straffälligenhilfe in Konkurrenz zu anderen Zweigen sozialer Arbeit gerät und sowohl vom »Image« wie von der finanziellen Ausstattung her an den Rand gedrängt wird.

Dies geschieht in einer Situation, in der die gesellschaftlichen Rahmenbedingungen für Straffälligenhilfe ohnehin schwieriger geworden sind, als sie es noch vor einem Jahrzehnt waren. Die Vereinzelung hat zugenommen, vor allem in den städtischen Ballungsräumen. Alle haben es schwerer, soziale Beziehungen aufzubauen und zu erhalten – Haftentlassene natürlich in besonderem Maße. Es gibt mehr Freizeit, aber es muß gelernt sein, sie sinnvoll zu nutzen. Dazu braucht man nicht zuletzt auch Geld; die Gesellschaft hat in diesem Bereich ihre Standards entwickelt, und die Werbung schiebt die Ebene dessen, was »man« sich leisten kann und leisten sollte, ständig höher. Den damit verbundenen Versuchungen sind auch entlassene Strafgefangene ausgesetzt, die von Nachholbedarf und Nachahmungslust noch besonders stimuliert werden. Aber sie haben, vor allem in der schwierigen Anfangszeit des freien Lebens, kaum die Mittel, ihre Wünsche auf legale Weise zu befriedigen. 1985 wurden an die 80 Prozent aller Personen, die der Bewährungshilfe unterstellt waren, als arbeitslos gezählt. Soll man sich unter diesen Umständen über die relativ hohen Rückfallquoten noch wundern? Wo beginnt, wenn wir die Rahmenbedingungen der Resozialisierung nicht ändern, die Heuchelei – und auch die Schuld unserer ganzen Gesellschaft?

Wie man Strafe heute begründen kann

Einleitung

Strafe muß sein. Wie du mir, so ich dir: solche und ähnliche schlichten Vergeltungsmodelle genügen manchen schon, auch die Freiheitsentziehung für begründet zu erklären. Sie meinen, daß die Strafe der Tat entsprechen und mindestens so groß sein muß, daß sich Unrecht, von einem vernünftigen Standort aus betrachtet, nicht lohnt. Der Gefangene soll durchaus leiden, den Vollzug der Strafe am eigenen Leibe spüren. Ihm soll es auf keinen Fall besser gehen als benachteiligten Bürgern außerhalb der Gefängnismauern. Welche persönlichen oder sozialen Probleme den Rechtsbrecher auch immer zu seiner Tat veranlaßt haben mögen: er soll nun für eine Zeitlang aus der Gemeinschaft verschwinden. Vielleicht wird er ja gebessert zurückkehren …

Gegen ein solches Strafverständnis der Öffentlichkeit – es kann zumindest als weit verbreitet gelten – hatte das Strafvollzugsgesetz mit seiner Hauptzielrichtung »Wiedereingliederung« einen schweren Stand. Daß eine richtig betriebene Resozialisierung die Zahl der Straftaten verringern kann, wird kaum jemand bestreiten. Aber diese rationale Einsicht ist die eine Sache, Gefühle und Meinungen sind die andere, und wo beides zusammentrifft, entstehen Unsicherheit und Widersprüche. So versucht etwa der Vollzugspraktiker einerseits einen der Wiedereingliederung dienenden Strafvollzug zu verwirklichen, andererseits aber auch dem Strafbedürfnis der Öffentlichkeit Genüge zu tun, indem er Gesetzesbestimmungen restriktiv auslegt. In einer Situation ist er offen und vertrauensvoll, in einer anderen skeptisch und engherzig.

Die Verhängung von Freiheitsstrafen ist noch kein Beitrag zur Resozialisierung, sondern lediglich der Gewinn von Zeit, die zur Resozialisierung genutzt werden kann. Danach müßte sich das Engagement für den Strafvollzug, müßte sich auch der Einsatz von Geld- und Sachmitteln bemessen. Tatsache ist jedoch, daß sich die Gesellschaft insgesamt ihrer Verantwortung nicht hinreichend bewußt ist, daß Politik und Verwaltung das Thema verdrängen.

Auch die gelegentlich aufkommende Diskussion um die *Opfer* von Straftaten kann – so notwendig sie ist! – nicht als Ersatz für die Vernachlässigung der Strafvollzugsdiskussion angesehen werden. Richtig und umfassend betrachtet (und entsprechend gelöst), mag die Problematik von Strafe und Strafvollzug auch zu einem neuen Verhältnis von Täter und Opfer beitragen. Es geht nicht nur darum, den Strafvollzug zu verbessern, Mißstände der oben beschriebenen Art zu beseitigen. Wir müssen versuchen, größere Klarheit zu gewinnen über die Motive des Strafens, über die Verantwortlichkeit des einzelnen und der Gemeinschaft für Straffällige, über die Stellung des Strafvollzugs in einem sozialen Rechtsstaat. Wir fragen, wie man Strafe heute begründen kann – rechtlich und sozialwissenschaftlich. Wir ziehen die grundlegenden theologischen Aussagen zu Rate und überlegen, ob sie bei aller Widersprüchlichkeit einen Boden der Gemeinsamkeit hergeben, der uns zu tragen vermag.

Freilich dürfen wir dabei nicht aus dem Auge verlieren, daß es *den* Täter, *die* Kriminalität und *die* Strafe nicht gibt. Ladendiebstahl und Sitzblockade, Vergewaltigung, Mord und lebensbedrohende Umweltvergiftung sind zwar gleichermaßen »Kriminalität« – nach Ursache, Motivation, Sozialschädlichkeit, Behandlungsmöglichkeit, Strafbedürfnis der Öffentlichkeit aber sehr verschiedene Tatbestände. Unter dem Leitmotiv der Resozialisierung, das durch das Strafvollzugsgesetz vorgegeben ist, wird vieles von dem Folgenden vor allem für die Masse der klassischen Alltagskriminalität im Bereich der Eigentums- und Vermögensdelikte sowie der leichteren Körperverletzungskriminalität gelten, sich also auf Straftäter beziehen, die sozial eher hilflos sind und bei denen eine Resozialisierung sowohl notwendig als auch möglich erscheint. Doch das Gebot der Wiedereingliederung umfaßt auch diejenigen Straftäter, die sich schwerster Verbrechen schuldig gemacht haben.

1. Von der notwendigen Überwindung des strafrechtlichen Vergeltungsdenkens und der Möglichkeit einer friedensstiftenden Konfliktlösung

Die Strafrechtswissenschaft bietet uns keine allgemein überzeugende Rechtfertigung der Strafe. Die Wissenschaftler stimmen zwar darin überein, daß Strafe notwendig sei. Aber eine Begründung dafür haben sie letzlich nicht. Wer meint, gesellschaftliche Ordnungen könnten ohne Strafrecht nicht existieren, übersieht, daß in der Gesellschaft auch andere, weniger belastende Formen der sozialen Kontrolle existieren, die dem Schreckensbild des »Kampfes aller gegen alle« entgegenwirken. Anhänger einer sozialpsychologischen Betrachtungsweise sehen in der übelvergeltenden Strafe ein natürliches Bedürfnis des Menschen, das im Strafrecht zu kanalisieren sei. Doch damit unterstellen sie, daß der wechselseitige Aggressionsausgleich Aufgabe des Rechts und Ziel des Gerechtigkeitsstrebens sei; eine unangemessene Unterstellung.

Auch individualethisch läßt sich die Notwendigkeit der Strafe nicht überzeugend begründen. Wenn man dem Menschen das Bedürfnis zuschreibt, sich von Schuld zu befreien, kann das doch nur als autonome sittliche Leistung verstanden werden. Eine solche sittliche Leistung ist durch die Zufügung eines äußeren Übels, eben der Strafe, nicht zu erzwingen.

So sieht man sich auf das allgemeine Rechtsprinzip der »Notwehr« zurückgeworfen. Dieses erlaube es, sozialschädliche Angriffe auf wesentliche Rechtsgüter der Gemeinschaft oder eines einzelnen Gemeinschaftsmitglieds mit strafrechtlichen Zwangsreaktionen zu beantworten. Wenn man eine solche »Sozialverteidigung« als Begründung akzeptiert, muß man auch anerkennen, daß die Form einer solchen Verteidigung den rechtlichen Kriterien der »Erforderlichkeit« und der »Notwendigkeit« standhalten muß. Diese Kriterien führen zu einer Einschränkung denkbarer Strafmaßnahmen. Und es ist weiter zu beachten, daß Notwehr immer nur der letzte Ausweg aus einer Situation der Hilflosigkeit sein kann. Abwehrreaktionen sind somit immer fragwürdig und auf das geringstmögliche Maß zu reduzieren.

Daß die Begründung der Strafe nicht recht gelingt, muß nicht nachteilig sein für den Umgang mit diesem schärfsten Instrument menschlicher Ordnung. Der Mangel sollte Anstoß sein zum Weiterdenken. Das aus Begründungsmangel schlechte Gewissen kann ein guter Ratgeber sein für den, der straft.

Freilich stehen wir auch nicht am Nullpunkt. Es gilt die Geschichte des Strafrechts in der Neuzeit positiv fortzuschreiben. Das bedeutet: Wir haben uns beim Strafen im wesentlichen auf den einzelnen zu konzentrieren. Der einzelne, der Schuld auf sich geladen hat, soll gebessert werden. Es ist nicht erforderlich, nicht sinnvoll und auch nicht mehr rechtens, ihn mit exemplarischer Härte zu bestrafen, um andere Täter abzuschrecken. Auch so können wir deutlich machen, daß die Rechtsordnung unverbrüchlich sein soll.

Es würde einen Sprung auf dem Weg zu einem »humaneren Strafen« bedeuten, wenn es gelingen würde, das isolierte Vergeltungsdenken zurückzudrängen und wenn das, was »Strafe« heißt, positive und konstruktive Elemente von vornherein beigeordnet bekäme. Selbstverständlich muß die Gemeinschaft auf den Rechtsbruch mit einer Mißbilligung reagieren. Diese Mißbilligung muß nicht notwendig, jedenfalls nicht ausschließlich, mit der Zufügung eines weiteren Übels verbunden sein. Um die Unverbrüchlichkeit der Rechtsordnung deutlich zu machen, genügt es in einer stabilen Staats- und Gesellschaftsordnung meistens, Unrecht beim Namen zu nennen, einen sozialethischen Tadel auszusprechen und zu dokumentieren. Der Sinn eines solchen Tadels muß ausschließlich darin gefunden werden, Heilsames für das Opfer, die Gemeinschaft und natürlich auch für den Täter herbeizuführen. Die simple Logik, daß die durch den Rechtsbruch geschlagenen Wunden durch weitere beim Täter geheilt würden, ist jedenfalls so unter sozialethischen Aspekten nicht mehr diskutabel. Man wird dabei freilich in Rechnung stellen müssen, daß der »Verzicht« auf Vergeltung eine Leistung ist, die sich in der Theorie leichter darstellen als im Bewußtsein der Gesellschaft realisieren läßt – vom Opfer einer Straftat ganz zu schweigen.

Ansatzpunkte für eine weiteres Zurückdrängen der Vergeltung enthält der strafrechtliche »Bestrafungsvorgang« schon heute. Der richterliche Urteilsspruch ahndet stets ein sozialethisch-verwerfliches *Verhalten*. Er stellt die Schuld und Verantwortung eines Menschen für eine Tat fest, verurteilt damit aber gerade nicht die *Persön-*

lichkeit dieses Menschen. Der Schuldfeststellung folgt die Frage nach der konstruktiven Verarbeitung der Tat bzw. nach dem Umgang mit dem Schuldigen. Nur unser Beharren auf alten Denkmustern macht aus dem wegen eines Diebstahls verurteilten Menschen einen Dieb oder einen Kriminellen, der kaum noch als Person, um so mehr aber in seiner »Rolle« wahrgenommen wird. Wenn wir wirklich akzeptiert haben – und das kann im Einzelfall schwierig sein –, daß zwischen Tat und Person zu trennen ist und daß ein Schuldurteil sich nicht auf den personalen Wert eines Menschen bezieht, können wir als Gemeinschaft anders mit dem Schuldigen umgehen. Wir müssen dann Konsequenzen auch aus der Einsicht ziehen, daß die Gemeinschaft Mitverantwortung für den straffälligen Menschen trägt und ihre Aufgabe gerade darin besteht, ihm die Hand zur Hilfe und Aussöhnung zu reichen. Strafvollzug steht dann im Zeichen der Verantwortung des Täters und der Mitverantwortung der Gemeinschaft.

So bewegen wir uns auf einem sehr langen Weg, den das Bundesverfassungsgericht wie folgt skizziert hat:

»Der Fortschritt in der Richtung von roheren zu humaneren, von einfacheren zu differenzierteren Formen des Strafens ist weitergegangen, wobei der Weg erkennbar wird, der noch zurückzulegen ist. Das Urteil darüber, was der Würde des Menschen entspricht, kann daher nur auf dem jetzigen Stande der Erkenntnis beruhen und keinen Anspruch auf zeitlose Gültigkeit erheben.«

Den Täter als Person voll zu respektieren, bedeutet unausweichlich, einen Appell an seine Verantwortlichkeit und seine aktiven Kräfte zu richten: Er ist aufgerufen, das Unrecht so weit wie möglich wiedergutzumachen.

Die Struktur dieses Vorgangs läßt sich vielleicht mit dem Goethe-Wort »Was du ererbt von deinen Vätern hast / Erwirb es, um es zu besitzen« veranschaulichen: Der Täter »ererbt« zwar unwiderruflich den Anspruch auf Respektierung seiner Person, aber er muß etwas tun, um sein Erbe auch wirklich zu besitzen. Seine personale Würde kann quasi verrosten und unansehnlich werden. Sie leuchtet auf, wenn er sich den Anspruch der Gemeinschaft zu eigen macht und freiwillig Leistungen erbringt, die geeignet sind, die verletzte Ordnung wiederherzustellen. Es können materielle und ideelle Leistungen sein, und »Leistungsempfänger« können sowohl das Opfer als auch die Gemeinschaft – und kann auch der Täter selber sein. Er kann, ganz konkret, materiellen Schaden wiedergutmachen, den er dem Opfer zugefügt hat. Er kann sich nachdrücklich und glaubhaft dem Opfer gegenüber entschuldigen. Durch beides macht er deutlich, daß er die Normen anerkennt, die Staat und Gesellschaft gesetzt haben, diese also sind ebenfalls »Empfänger« von Leistungen. Schließlich kann der Täter an allen Behandlungsmaßnahmen im Strafvollzug konstruktiv mitarbeiten, er kann mitarbeiten an seiner Heilung und Integration, und was er dergestalt leistet, kommt seiner eigenen Person zugute. Er macht, die Tat bewältigend, auch an sich selber »etwas gut«. Wo etwas in diesem Sinn sich ereignet, werden viele Menschen nicht zögern, von *Sühne* zu sprechen.

Eine solche Sinngebung der friedenstiftenden Konfliktlösung zwischen Täter, Opfer und Gesellschaft ist ohne weiteres im Schema der klassischen »Strafzwecke« unterzubringen. Zur richtig verstandenen »Generalprävention« gehört sicher auch der Befriedungseffekt, der sich einstellt, wenn der Täter aus eigenem Wollen so viel getan hat, daß das allgemeine Rechtsbewußtsein sich über den Rechtsbruch beruhigt und den Konflikt mit dem Täter als erledigt ansieht.

Recht als Wiederherstellung des sozialen Friedens: eine solche neue Sinngebung der Strafe läßt sich besonders gut veranschaulichen im Bereich der Alltagskriminalität: Diebstahl, Betrug, Sachbeschädigung und Körperverletzung. Die klassischen Straftheorien sind vor allem am Beispiel der Tötungsverbrechen entwickelt: verallgemeinert wurde, was allenfalls für schwerste Straftaten gelten konnte. Ethik und Recht gebieten jedoch eine genauere Betrachtung. Auf leichtere Straftaten und ein in der Regel wiedergutzumachendes Unrecht muß nicht mit größtmöglicher Härte reagiert werden. Eine an der Kriminalitätswirklichkeit orientierte und danach differenzierte Straftheorie macht den Blick frei für den konstruktiven Prozeß der Wiedergutmachung. In Teilbereichen können Täter-Opfer-Ausgleich und gemeinnützige Arbeit als sinnerfüllende Alternativen zu den übrigen Sanktionen des Strafrechts betrachtet werden.

So ist es kriminalpolitisch wünschenswert, die Wiedergutmachung in ein umfassendes Konzept einzubetten, das auf Versöhnung zielt und so von vornherein einen positiven Akzent bekommt. Die Anforderungen der klassischen Strafzwecke werden durch den Täter-

Opfer-Ausgleich jederzeit erfüllt. Der Rechtsfrieden ist dadurch herzustellen, daß die Gemeinschaft den Konflikt mit dem Täter durch die Wiedergutmachung als erledigt ansieht. Der Täter muß sich mit dem angerichteten Schaden und der Person des Verletzten auseinandersetzen, und seine innere Betroffenheit kann ebenso resozialisierungsfördernd wirken wie die konstruktive Leistung, die zur Anerkennung des Rechts hinführt.

Deutlicher als in diesen grundlegenden Erwägungen zur Versöhnung im Strafrecht zeigt sich die neue Qualität der Rechtsfriedensstiftung bei der praktischen Durchführung. Zwei Beispiele aus dem Reutlinger Versuch »Handschlag« belegen dies:

Fall 1: Ein junger Straftäter wird von einer älteren Verkäuferin beim Ladendiebstahl ertappt. Bei der Flucht stößt er sie um, wodurch sie leicht verletzt wird und einen Schock bekommt. Danach hat sie Angst vor ähnlichen Straftaten. Im Rahmen der Täter-Opfer-Ausgleichs-Bemühungen ist sie bereit, sich im Beisein eines Sozialpädagogen mit dem Täter an einen Tisch zu setzen. Dabei wird das Gesamtgeschehen aufgearbeitet. Der junge Mann erfährt erstmals das ganze Ausmaß der von ihm verursachten Tatfolgen; die Frau verliert ihre generelle starke Angst vor Straftätern, indem sie diesen Täter auch als Person erfaßt. Am Ende erklärt sich der junge Mann bereit, den Garten der älteren Frau in Ordnung zu bringen, woraus sich ein positiver Kontakt für beide Seiten entwickelt.

Fall 2: In einer schwäbischen Kleinstadt stehen sich längere Zeit eine Motorradgruppe und eine Pfadfindergruppe gegenüber. Bei einer provozierten Auseinandersetzung überschreiten eines Tages Angehörige der Motorradgruppe in ihrem Handeln die Schwelle des Strafrechts: Pfadfinder werden bedroht und verletzt. Bei einem gemeinsamen, intensiven Gespräch im Rahmen des Projekts gelingt es beiden Seiten, miteinander über die unterschiedlichen Hintergründe und Motive ihrer Freizeitgestaltung zu sprechen. Schließlich wird der Konflikt durch eine auf Wunsch der geschädigten Pfadfinder durchgeführte »Bachputzete« (umwelterhaltende Reinigung eines Baches) beigelegt und bei einem spontan veranstalteten anschließenden Fest die neue Qualität der Beziehung demonstriert.

Zugegeben, es handelt sich hier um besonders gelungene Fälle konstruktiver strafrechtlicher Verarbeitung. Die inzwischen in diesen Bereichen Tätigen berichten aber fast durchweg, daß vier von fünf strafrechtlichen Konflikten in einem Täter-Opfer-Ausgleich für alle Seiten befriedigend gelöst werden können. Dabei und in großen repräsentativen Befragungen zeigt sich weiter, daß dieses Vorgehen bei der nicht allzu schweren Alltagskriminalität starken Rückhalt in der Bevölkerung hat und deren Strafbedürfnis nicht etwa unerfüllt bleibt. Die Konfrontation mit dem Opfer und die Versöhnung in einem verabredeten Ausgleich sind häufig anstrengender und psychisch belastender für die Täter als vergleichbare Strafverfahren. Aber auch die Interessen und Probleme von Opfern kommen anders zur Geltung, als wenn die Opfer von Straftaten nur auf ihre Zeugenrolle beschränkt werden.

2. Von der Ratlosigkeit der Sozialwissenschaften und dem, was sie uns dennoch zu sagen haben

Was die wirksamste Strafe und insofern die überzeugendste Straftheorie ist, wissen auch die Sozialwissenschaftler bisher nicht zu sagen. Überraschend ist das in Anbetracht der Vielfalt krimineller Handlungen nicht.

In vielen sozialwissenschaftlichen Untersuchungen wird der generalpräventive Effekt des Strafrechts recht gering veranschlagt. Bei der Kriminalitätsverhütung komme es mehr auf die vorgelagerten Kontrollinstanzen mit größerer sozialer Nähe an: auf Familie, Freunde, Schule, Nachbarschaft und Gemeinde. Welchen Einfluß das Strafrecht und seine Verwirklichung auf die Einstellung dieser vorgelagerten Kontrollinstanzen ausüben, ist freilich nicht bekannt und wohl auch sehr schwierig zu ermitteln.

Sehr unterschiedlich fallen die Forschungsergebnisse zum Behandlungsvollzug aus. In Einzeluntersuchungen wird hervorgehoben, daß eine spezifische sozialtherapeutische Behandlung die Rückfälligkeit verringere; andere Untersuchungen laufen darauf hinaus, daß Behandlungsmaßnahmen unwirksam seien. Relativ sicher läßt sich sagen, daß alle Resozialisierungsbemühungen allenfalls begrenzt die Rückfallzahlen beeinflussen, niemals aber Erfolg garantieren können.

Entsprechend widersprüchlich sind die Folgerungen, die aus diesen Untersuchungen gezogen werden. Sie reichen von der Forderung nach Abschaffung der Freiheitsstrafe wegen erwiesener Wirkungslosigkeit über die stärkere Betonung des Behandlungs- und Aussöhnungsgedankens bis hin zur Neubegründung der Vergeltungsstrafe. Klare Rezepte für die Praxis lassen sich den sozialwissenschaftlichen Erkenntnissen jedenfalls nicht entnehmen.

Strafbegründung und Sinngebung der Freiheitsstrafe bleiben daher in erster Linie eine Wertentscheidung, die sich am Menschen- und Gesellschaftsbild der jeweiligen Gemeinschaft orientiert.

Freilich können einige Tatsachen, die Bedeutung für Reformüberlegungen haben, inzwischen als empirisch gesichert gelten:

– Strafrechtliche Sanktionen wirken nur dann, wenn die Gesellschaft »mitmacht«, wenn sie den Vorgang als ihren eigenen auffaßt.

- Was den »Abschreckungseffekt« anbetrifft, sind verschiedene Strafarten gewissermaßen austauschbar, also gleich gut oder gleich schlecht geeignet, und sie können auch, bei gleicher Wirkung, ersetzt werden durch außerstrafrechtliche Maßnahmen.
- Strafrechtliche Sanktionen können die kriminelle Entwicklung eines Menschen noch verstärken, wirken einer solchen Entwicklung jedenfalls nicht automatisch entgegen.
- Es gibt keine allgemeingültige Behandlungsmethode für Straffällige; am wirksamsten ist eine auf die Einzelperson zugeschnittene Hilfe.

Ebensowenig Verbindliches wie zur Straffrage können die Sozialwissenschaften (einschließlich Kriminologie) auch zu den *Ursachen der Straffälligkeit* sagen: sie können nur Tendenzen angeben. »Kriminalität« ist ein weites Feld. Es wird abgesteckt von vielen Faktoren, deren Wirkung wir im einzelnen noch nicht kennen: die individuelle Disposition eines Menschen, Umwelt-, gesellschaftliche, ökonomische und soziale Bedingungen, rechtlich verbindliche Definitionen des kriminellen Verhaltens. Die wissenschaftliche Diskussion darüber geht weiter.

Nach dem gegenwärtigen Stand des Wissens läßt sich allerdings sagen, daß Leben und Entwicklung des Strafgefangenen und seine Beziehungen zur Umwelt durch folgende Merkmale und Probleme generell zu kennzeichnen sind:

Strukturell und funktional gestörte Familie; wechselndes Erziehungsverhalten der Eltern; wiederholter Wechsel der Beziehungssituation im Kindes- und Jugendalter; Zurückbleiben und Auffälligkeiten in der Schule und in der beruflichen Ausbildung; berufliches Scheitern; niederer sozialer Status; Freizeit überwiegend außerhalb der Familie; austauschbare, menschlich nicht tragfähige Beziehungen; Bindungen an ein bestimmtes Milieu; fehlende Lebensplanung.

Auf solche auch in anderen Kulturen bekannte Problembündel läßt sich sicherlich noch keine Theorie der Kriminalität begründen. Sagen läßt sich aber: Kriminalität kann entstehen, wenn der Mensch nicht eingebunden ist in die grundlegenden Institutionen der Gesellschaft, wenn seine Beziehungen zur Familie nicht intakt sind, wenn die »Eingliederung« in den Sozialkörper »Schule«, in die Arbeitswelt nicht gelingt, wenn er der Freizeit keinen richtigen Sinn zu geben weiß, wenn er überhaupt keinen Sinn für das Soziale, das »Miteinander« entwickelt, wenn er bindungslos bleibt.

Diese Analyse zeigt im Umkehrschluß, was Aufgabe des Strafvollzugs ist: »Sozialfähigkeit« entwickeln und festigen; Menschen finden, die dem Straffälligen dabei helfen. Er kann, einmal im Zustand mangelnder Sozialisation und zerrissener Bindungen, allein nur schwer und selten erreichen, was wir als »normalen« Standard von verantwortlicher Bindung ansehen. Wir müssen ihm helfen – weil wir in einer Gesellschaft leben, zu deren Grundwerten Menschenwürde und Mitmenschlichkeit gehören. Und es kann nicht schaden, wenn wir im Bewußtsein helfen, daß manche Mühe vergeblich sein wird. Die meßbaren Erfolge des Strafvollzugs können nicht die alleinige Richtschnur sein für das, was wir tun.

3. Von den Sichtweisen der Theologen und einem christlichen Umgang mit straffällig gewordenen Menschen

Strafe muß sein: das sagen auch viele Christen. Sie halten sie für nötig um der Gerechtigkeit willen und zur Abschreckung. Daß böse Taten nicht folgenlos bleiben, steht auch in der Bibel. Andere Christen lehnen gerade im Namen Jesu Christi diese Auffassung ab. Gottes Versöhnungshandeln ermögliche, so sagen sie, einen neuen, einen anderen Umgang mit Straftätern und mit der Strafe.

In diesen Aussagen spiegeln sich unterschiedliche Deutungen des Sinns von Strafe wider, wie sie beispielsweise im Unterricht und von der Kanzel verbreitet werden. Denn seit der Aufklärung gibt es in Theologie und Kirche zwei Grundrichtungen der Deutung des Sinns von Strafe. Die eine, historisch ältere Grundrichtung versteht Strafe als notwendige Vergeltung und als Verhängung einer Sühneleistung für eine begangene Rechtsverletzung. Die andere, historisch jüngere Grundrichtung kann Strafe nur als eine Fürsorgemaßnahme verstehen, eine Fürsorgemaßnahme für den Täter und für die Gesellschaft. Zu einer Humanisierung des Strafvollzugs hat dieses Verständnis viel beigetragen. Es bleibt aber gegenüber beiden Richtungen zu fragen, ob sie dem biblischen Gottes- und Menschenverständnis voll gerecht werden. Zu klären ist weiter, wie sich diese unterschiedlichen theologischen Denktraditionen zu den Erkenntnissen der Strafrechts- und Sozialwissenschaften verhalten und was der spezifische Beitrag der Theologie zum heutigen Verständnis von Strafe und Strafvollstreckung sein kann.

Die klassische Deutung der Strafe

Die metaphysische Grundlage des Vergeltungsdenkens hat der im 11. Jahrhundert in Aosta geborene Anselm von Canterbury geschaffen, ein Philosoph und Theologe. Wenn der Mensch Gottes heilige Ordnungen und Gebote übertritt, dann verlangt Gott, so lehrte Anselm, Sühne, damit seine Gerechtigkeit und Ehre wiederhergestellt werde. Jesus Christus hat am Kreuz sterben müssen, weil die Menschen nicht imstande waren, die notwendige Sühneleistung zu erbringen.

Diese klassische Deutung der Strafe geht unter Berufung auf die Heilige Schrift davon aus, daß Gott seiner Schöpfung verbindliche Ordnungen unterlegt hat, die vom Menschen als Ausdruck des erhaltenden Willens Gottes erkannt werden können und respektiert werden müssen. Aufgabe der Inhaber staatlicher Gewalt ist es, die Rechtsordnung in einer vom Chaos, vom Bösen und der Sünde bedrohten Welt verbindlich zu machen und aufrechtzuerhalten, auch »unter Androhung und Ausübung von Gewalt«.

Das jeweilige Staatsverständnis und das positive Recht eines Staates sind zwar geschichtlich bedingt, also kritisierbar und wandelbar. Aber auch in ihrer geschichtlichen Relativität sind diese Ordnungen Ausdruck des göttlichen Erhaltungswillens. In der Verletzung eines einzelnen Gesetzes wird deshalb eine Infragestellung der Staats- und Rechtsordnung insgesamt gesehen.

Strafe hat den Sinn, diese Verletzung zu ahnden: Verbrechen dürfen nicht folgenlos bleiben. Strafe bekommt auch dadurch einen Sinn, daß dem einzelnen die Ehre zuteil wird, sich für seine Taten zu verantworten. Und schließlich ist das Prinzip von Schuld und Vergeltung auch aus der Sicht der Allgemeinheit sinnvoll: Strafe als Vergeltung dient der Sicherheit der Gesellschaft, der Abschreckung und der Gerechtigkeit. Müssen Menschen nicht für ihre Taten einstehen und ihre Vergehen sühnen, kann das Böse nicht eingedämmt werden.

Die Verhängung der Strafe soll deshalb den Straftätern die Möglichkeit geben, zur Einsicht zu kommen und Sühne zu leisten. Die Wiedereingliederung des Täters in die Gesellschaft ist in diesem Begründungszusammenhang ein nachgeordnetes Ziel.

Luther ist in seiner Unterscheidung von den zwei Regimenten bzw. zwei Reichen von solchen Traditionen bestimmt. Christen sollen sich dergestalt in den Dienst des die Welt erhaltenden Handelns Gottes stellen, daß sie die staatliche Ordnung wahren und der Durchsetzung des Rechts dienen, wenn nötig auch mit den Mitteln staatlicher Gewalt. Der Geist der Bergpredigt soll zwar das Verhalten der Menschen untereinander bestimmen, kann aber die Notwendigkeit von Vergeltung und Strafe als Antwort auf die Verletzung des Rechts nicht ersetzen.

Die neuere Deutung der Strafe

Der deutsche Theologe, Philosoph und Pädagoge Friedrich Schleiermacher (1768–1834) setzte in dieser Frage einen ganz anderen Akzent: Er definierte die Strafe als Fürsorgemaßnahme sowohl für den Täter als auch für die Gesellschaft. Unter Berufung auf den Sühnetod Jesu Christi lehnt er es ab, die Strafe als Sühneleistung zu verstehen. Die von Schleiermacher ausgehende Deutung der Strafe betont, in der Auferweckung Jesu Christi sei ein für allemal deutlich geworden, daß Gott unseren Sünden nicht mit vergeltender Strafe, sondern mit seiner Versöhnung begegnen wolle. Gott »rächt« sich nicht dafür, daß die Menschen seinen Sohn gekreuzigt haben; er bietet ihnen vielmehr weiterhin seine Versöhnung an. Sie sollen sich seiner Liebe anvertrauen. Das muß auch das Verständnis von Strafe bestimmen. Auch unser menschliches Strafen kann nicht vom Gedanken der Vergeltung und der Sühneleistung bestimmt sein. Wo Menschen strafen, da kann solche Strafe nur als eine Fürsorgemaßnahme verstanden werden, die dem Schutz der Gesellschaft und dem Wohl des Täters dient. Karl Barth (1886–1968), der dieses Verständnis von Strafe als Fürsorgemaßnahme entscheidend weitergeführt hat, geht davon aus, daß das Recht dem Schutz des Lebens dient. Aufgabe des Staates ist es darum, durch die Rechtsordnung und nach dem Maß menschlicher Einsicht Sorge zu tragen für die Sicherung der Existenz, für die Erhaltung des Friedens und für humane Lebensbedingungen.

Aus diesen Gründen darf der Staat auch Zwangsmaßnahmen gegenüber dem Rechtsbrecher ergreifen. Sie sind aber nur gerechtfertigt, wenn sie seiner Wiedereingliederung in die Gesellschaft dienen. Im Zielkonflikt zwischen dem Sicherheitsbedürfnis der Gesellschaft und dem Resozialisierungsauftrag gegenüber dem Straffälligen hat die Wiedereingliederung Vorrang; sie entspricht dem Geist der Versöhnung. Die Gesellschaft muß erkennen, daß sie oft eine Mitschuld an Straftaten trifft. Darum kann der Strafvollzug nur dem Ziel dienen, dem Rechtsbrecher Einsicht in seine Verantwortung zu eröffnen, ihn in die Gesellschaft wieder einzugliedern und ihm die Möglichkeit zu aktiver Wiedergutmachung zu geben.

Hinter solchen Überlegungen steht eine Ethik des Politischen, die heute mit dem Stichwort »Königsherrschaft Christi« bezeichnet wird. Weil Jesus Christus schon jetzt der Herr aller Lebensbereiche ist, soll der Geist des Evangeliums in allen Bereichen des Lebens zur Geltung kommen. Der Gegensatz zur älteren Deutung der Strafe ist jedoch geringer, als es auf den ersten Blick scheint. Auch in dieser neueren Deutung ist es Aufgabe des Staates, für die Erhaltung der gesetzlichen Ordnung einzutreten, wenn nötig unter Androhung und Ausübung von Gewalt. Das jetzt schon mögliche Maß an Liebe, der Geist der Versöhnung und das Bewußtsein der Solidarität sollen sich jedoch auch im Umgang mit straffällig gewordenen Menschen nach Kräften auswirken.

Was beiden Grundrichtungen gemeinsam ist

So sehr beide Auffassungen zueinander in Spannung stehen: es findet sich doch in ihnen Gemeinsames:

1. Die Gerechtigkeit Gottes ist etwas anderes als das Recht unter Menschen. Gott will den Sünder annehmen und vergibt ihm seine Schuld. Darum kann es vor dem weltlichen Strafrichter nicht um eine Feststellung der Schuld des Menschen vor Gott gehen.
2. Gott sagt nein zu bösen Taten und zur Sünde. Dieses Nein hebt aber das Ja Gottes zur Person nicht auf. Dem kann nur eine weltliche Rechtsprechung gerecht werden, die die Taten zwar verurteilt, aber den Täter als Person versteht, dessen Würde vor Gott geachtet werden muß.
3. Der Mensch ist für seine Taten verantwortlich und muß für seine Schuld einstehen. Persönliche Schuld kann sich auf Grund der gesellschaftlichen Mitverantwortung und Mitschuld relativieren, hebt sich aber dadurch nicht auf. Zur Freiheit und Würde des Menschen gehört Verantwortung für sein Handeln.
4. Bei aller unterschiedlichen Beurteilung der Strafzwecke und des Sühneverständnisses wird die Strafe, jedenfalls in der Form einer »Maßnahme«, bejaht und Schuldeinsicht als ein wichtiges Ele-

ment angesehen. Resozialisierung wird in beiden Auffassungen als ein Vollzugsziel verstanden, allerdings mit unterschiedlichem Stellenwert.

Diese beiden Richtungen gemeinsamen Einsichten geben immerhin eine Ausgangsbasis christlichen Strafverständnisses ab. Wer sich auf sie stellt, hat einen ersten entscheidenden Schritt getan. Er wird das Recht und die Würde des straffällig gewordenen Menschen achten. Unter der Voraussetzung, daß dieser die Rechtsordnung anerkennt, wird er ihm eine Chance auf Wiedereingliederung zubilligen.

Was fraglich bleibt

Der Bestand an gemeinsamen Auffassungen ist jedoch nicht ausreichend, um daraus konkrete Folgerungen für den Strafvollzug abzuleiten. Ob die Strafe eine notwendige Sühneleistung oder ob sie eine Versöhnungsmaßnahme ist, bleibt letztlich offen. Daß Gott den Menschen ihre Schuld bedingungslos vergibt: Was besagt das für das Verhalten von Menschen untereinander? Sollen Christen straffällig gewordenen Menschen bedingungslos ihre Schuld vergeben? Ist den Opfern oder ihren Angehörigen die Bereitschaft zur Versöhnung anzuraten und zuzumuten?

Daß der Sinn der Strafe so unterschiedlich gedeutet werden kann, macht Christen unsicher in ihrem Urteil. Wofür sollen sie eintreten? Für die konsequente Verfolgung aller Verstöße gegen die Rechtsordnung? Für den Schutz der Gesellschaft auch durch allgemein abschreckende, »generalpräventive« Strafandrohungen? Oder sollen Christen für ein Verständnis von Strafe eintreten, das wesentlich vom Willen zur Vergebung und zur Versöhnung gegenüber straffällig gewordenen Menschen geprägt ist? Gerade diejenigen, die die Orientierung verloren haben, brauchten unsere Liebe, Hilfsbereitschaft und Solidarität. Sollen wir sie ihnen geben, wissend, daß wir selber auch verführbar sind und daß mancher für seine Taten nicht allein verantwortlich gemacht werden kann? Entspräche es nicht der im Evangelium gebotenen Liebe, Straffälligen eine fürsorgliche Maßnahme aufzuerlegen, die ganz auf sie zugeschnitten, die »spezialpräventiv« ist und nicht auf den zusätzlichen Effekt abgestellt, alle denkbaren Straftäter abzuschrecken?

Sowohl die klassische als auch die neuere Deutung der Strafe werden von Christen als christlich vertreten. Auf beide Auffassungen berufen sich politisch Verantwortliche. Die einen berufen sich auf das christliche Strafverständnis, wenn sie für schärfere Strafen eintreten und die Absicht bekunden, die »Schwere der Schuld« nicht nur in der Dauer der Strafe, sondern auch in der Gestaltung des Vollzugs geltend zu machen. Andere wiederum berufen sich auf das christliche Strafverständnis, wenn sie für eine konsequente Weiterführung der Strafvollzugsreform eintreten, sich um eine Verringerung der Freiheitsstrafen bemühen und für einen Strafvollzug kämpfen, der am Ziel der Wiedereingliederung in die Gesellschaft und an humanen Strafbedingungen orientiert ist.

In dieser Situation ist es wenig hilfreich, sich vorschnell auf eine der beiden Seiten zu schlagen. Wichtig ist, daß nicht zugunsten vereinfachter Lösungen anthropologische, soziale und theologische Wahrheiten verdrängt, sondern Spannungen ausgehalten werden. Nicht ohne Grund hat keine der beiden Einstellungen zur Strafe sich als »die christliche« durchsetzen können, denn in beiden Auffassungen liegen Wahrheitsmomente. Notwendig erscheint es deshalb, die Wahrheitsmomente beider Auffassungen konstruktiv weiterzuführen.

Das kann nur geschehen im Rahmen grundsätzlicher Überlegungen zur politischen Ethik und zur Verantwortung der Christen in der Gesellschaft. Kann das Ziel politischen Handelns bestenfalls die Erhaltung der Staatsordnung, die Bewahrung relativen Friedens und das Schaffen relativer Gerechtigkeit sein? Oder ist – im Sinne der Bergpredigt – auch die Solidarität mit den Schwachen und Gestrauchelten, die Bereitschaft zu Hilfe und Versöhnung eine gleichermaßen vom Evangelium gebotene wie politisch vernünftige Handlungsweise? Das Sozialstaatsprinzip unserer Verfassung ist ein Schritt in diese Richtung.

Weiterhin ist zu fragen: Was sagt den Christen ihr christlicher Glaube, wie gehen sie um mit Sünde und Schuld? Es ist unerläßlich, von Gottes Nein zur Sünde und von Gottes Vergebung zu reden. Ein zu sehr an Gottes forderndem Anspruch orientierter Glaube verliert aber häufig den Gott aus dem Blick, der barmherzig ist, der die ihm feindlich Gesonnenen versöhnt, Vergebung schenkt. Es gilt auf der Hut zu sein, daß die Furcht vor Gottes Zorn nicht die Möglichkeit zum Glauben an seine Liebe verdrängt. Die Gefahr christlicher bzw. allgemein-menschlicher Selbstgerechtigkeit (das Gegenteil der Rechtfertigung des Sünders) darf nicht zu einem wahnhaften Strafbedürfnis führen.

Was aus christlicher Ethik zu folgern ist

Die Frage, wie Christen in der Welt verantwortlich leben und handeln können, hat die Christenheit seit ihrem Anfang bis auf den heutigen Tag beschäftigt. Unmißverständlich ist den Christen das Doppelgebot gegeben, Gott und den Nächsten zu lieben. Unmißverständlich macht Jesus durch die Praxis seines Lebens und durch das, was er sagt, die Gestalt dieser Liebe deutlich. Sie kommt aus dem Vertrauen auf Gott, aus erfahrener Zuwendung und Liebe, die uns freimacht von Angst und Sorge um uns selbst, um unseren Erfolg, unsere Leistung und unser Ansehen. Vertrauen und Liebe machen uns fähig und frei, Gutes zu tun. Solche Liebe schließt den Feind ein. Sie verzichtet auf Gewalt, ist geduldig und langmütig. Sie sucht die Versöhnung und tut dazu den ersten Schritt.

Das ist alles eindeutig in den Evangelien, besonders in der Bergpredigt, aber auch in dem berühmten 13. Kapitel des 1. Paulusbriefes an die Korinther formuliert. Doch nach dem Maßstab solcher Liebe zu leben, fällt uns schwer. Macht stützt uns dabei nicht. Viel mehr als die Bitte um Einverständnis steht uns nicht zur Verfügung. Verletzungen und Mißbrauch bedrohen uns. Wer nach solcher Liebe lebt, ist in Gefahr, sein Leben zu verlieren. Jesus wurde ans Kreuz geschlagen. Wagen wir es, im Geiste der Liebe und im Vertrauen auf Gott zu leben? Oder vertrauen wir nicht eher unserer eigenen Leistung, unserem Ansehen und den Inhabern weltlicher Macht mehr als Gott und seinem Weg der Liebe? Die Bibel nennt das Sünde.

Weil es so schwer ist, nach den Gesetzen der Liebe zu leben, haben Christen Kompromisse gesucht für ihr Verhalten in unserer Welt, in der das Neue, das Versöhnungshandeln Gottes schon wirksam ist, aber auch das Alte – die Macht der Sünde und des Bösen – weiterwirkt. Ein solcher Kompromiß bestand im Mittelalter etwa darin, daß bestimmte Menschen, Mönche und Ordensfrauen unter Verzicht auf persönlichen Besitz und im Gehorsam gegenüber Gott ein neues Leben probierten, während das Volk sich auf die Erfüllung der zehn Gebote beschränken konnte. Von allen kann man nur ein Leben in den Ordnungen dieser Welt in relativer Achtung des Rechtes und der Gerechtigkeit verlangen.

Die Reformation ist in dieser Frage einen anderen Weg gegangen, der auch das politische Handeln und die Einstellung zur Strafe heute noch bestimmt. Luther hat die Unterscheidung »für sich« und »für andere« geprägt: »Für sich«, dort, wo der Mensch für sich und sein Leben Verantwortung trägt, ist der Christ gerufen, im Geist der Bergpredigt zu leben, nachzugeben, zu leiden um der Liebe willen und Versöhnung zu suchen. Wo wir aber »für andere« in Verantwortung stehen, sei es in der Familie, in Arbeit und Beruf, im Staat, da kann der Maßstab unseres Handelns nicht nur die versöhnende und nachgebende Liebe sein, sondern unser Handeln muß an der Bewahrung des Lebens, des Friedens und der Gerechtigkeit orientiert sein. Glaube und Liebe sind Geschenk. Die aus dem Glauben erwachsende Freiheit zum Guten kann niemandem befohlen werden. Zu verlangen aber ist von allen, daß sie die Erhaltungsordnungen Gottes respektieren und das Recht achten. Christen tun dies freiwillig aus der Liebe, die dem Glauben folgt. Wo dies aber nicht geschieht, muß solches Verhalten, wenn nötig, mit Strafandrohung und Strafen durchgesetzt werden.

Zuzustimmen ist Luther darin, daß man Liebe nicht befehlen kann. Luther hat auch darin sicher recht, daß ein Leben im Geiste der Bergpredigt in unserer Welt, in der öffentlichen und politischen Verantwortung, nur bedingt möglich sei. Aber über eine Unterscheidung, die die Liebe dem persönlichen Bereich und die Orientierung an Ordnung und Gerechtigkeit dem staatlichen Bereich zuordnet, müssen wir hinauskommen. Diese Unterscheidung ist weder für das persönliche noch für das öffentliche Leben in dieser Eindeutigkeit wahr und zutreffend. Auch für das persönliche Leben gilt, daß wir nicht nur in jener Liebe der Bergpredigt, in der Selbsthingabe für andere, leben können. Gott will, daß wir leben, uns selbst entfalten und zu uns kommen. So gilt es auch für das persönliche Leben, das rechte Maß von Selbstentfaltung und Selbsthingabe für andere zu finden. Umgekehrt aber will auch im politischen, öffentlichen Raum das Neue, das in Jesus Christus in die Welt gekommen ist, gelebte Wirklichkeit werden.

Darum ersetzen wir diese traditionelle Unterscheidung durch eine neue: wir unterscheiden zwischen dem zur Erhaltung des Lebens Notwendigen, dem in Liebe Möglichen und dem der Situation Angemessenen.

Das zur Erhaltung des Lebens Notwendige: Es entspricht Gottes Ja zu dieser Welt als seiner Schöpfung, zum Leben, zu jedem Menschen, daß sich Christen für die Erhaltung des Lebens einsetzen. Jeder Mensch hat ein gottgewolltes Recht auf Schutz seines Lebens, auf Existenzsicherung und Mindestbedingungen der Lebensgestaltung, auf ein Mindestmaß an Gerechtigkeit und Freiheit, wie dies auch in der Formulierung der Menschenrechte zum Ausdruck kommt. Diese Mindestbedingungen zu schaffen und zu schützen, ist Aufgabe des Staates, der Rechtsordnung, allen politischen Handelns. Sie sind, wenn nötig, auch mit vom Recht begrenzter Gewaltandrohung und Gewaltanwendung zu schützen und durchzusetzen. Insoweit sagen Christen ja zu staatlicher Gewalt, auch wenn sie wissen, daß Gewalt das Böse nur eindämmen und nicht überwinden kann.

Das in Liebe Mögliche: Das Leben Jesu, seine Worte und sein Wirken, aber auch seine Kreuzigung und Auferstehung machen deutlich, daß es der Weg der Versöhnung und der Liebe ist, auf dem Gott uns begegnen will und der uns Zukunft eröffnet. Bewahrung des Lebens, geregeltes Zusammenleben und Gerechtigkeit setzen letztlich Versöhnungsbereitschaft voraus. Sie kann Feindschaft und Konflikte überwinden. Die Lebensfähigkeit einer Gesellschaft zeigt sich nicht zuletzt in ihrer Bereitschaft zu Solidarität und konkreter Hilfe für die, die am Rande stehen, die wenig Chancen haben, zu Fall gekommen sind. Aus erfahrener Liebe wagen es Christen deshalb in der Freiheit des Glaubens immer wieder, den Weg der Versöhnung zu gehen. Darum werden sie auch in der Gesellschaft für Versöhnung und für die Bereitschaft zu Solidarität eintreten, ebenso wie für die Reduzierung von Gewalt und Gewaltandrohung, für ein Miteinander, das den Frieden und gemeinsames Leben in Gerechtigkeit und Liebe sucht.

Das in der Situation Angemessene: Als Grundsatz für das christliche Handeln in Gesellschaft, Staat und Politik können wir formulieren: In allen Bereichen ist es uns geboten, für die Bewahrung des Lebens einzutreten, Recht und Gerechtigkeit zu schaffen und Liebe und Solidarität zu üben. Diese Angabe der Richtung und Linie christlichen Handelns ist eine »Steigerungsformel«. Liebe schließt Gerechtigkeit und Bewahrung des Lebens ein und geht über sie hinaus. Wir wissen aber, daß sich solche Liebe nicht befehlen läßt, und wir machen die Erfahrung, daß in unserer von Sünde und Gewalt gekennzeichneten Welt die Ziele christlichen Handelns in Spannung zueinander geraten können. Wo Leben in Gefahr ist, kann Nachgeben lebensgefährlich werden. Die Gerechtigkeit kann verletzt werden, wenn um der Liebe willen Verzicht auf Machteinsatz gefordert wird. Darum ist in einem verantwortlichen christlichen Handeln jeweils nach dem in einer Situation Angemessenen zu fragen. Es ist zu fragen, wie jeweils die Bewahrung des Lebens, Gerechtigkeit und Liebe in unserm Handeln Gestalt gewinnen können. Drei Abgrenzungskriterien können uns hier helfen, das Angemessene zu erkennen und zu tun.

1. Wir müssen uns fragen, welches Maß an Liebe, Solidarität und Versöhnungsbereitschaft wir selbst ohne Zwang zu erbringen bereit sind. Auch einzelne Gruppen wie die Kirche müssen bzw. eine Gesellschaft insgesamt muß sich die Frage nach dem in Liebe Möglichen stellen und dafür eintreten.
2. Wir müssen uns fragen, welches Maß an Versöhnungsbereitschaft und Liebe wir anderen zumuten können, vor allem, wenn wir für sie Verantwortung tragen. Der Weg der Liebe, des Gewaltverzichts kann ein Risiko bedeuten. Wo sind hier um der Erhaltung des Lebens, um der Mindestbedingungen von Recht und Gerechtigkeit willen Grenzen zu ziehen?
3. Versöhnungsbereitschaft und Solidarität haben das Ziel, anderen einen neuen Anfang zu ermöglichen, Konflikte zu überwinden. Doch das Angebot der Versöhnung und der Liebe kann mißverstanden und mißbraucht werden. Dem Mißbrauch ist zu wehren, nach Wegen der Versöhnung jedoch beharrlich zu suchen, sofern sie einen konstruktiven Prozeß versprechen und einen neuen Anfang eröffnen.

Diese Unterscheidung zwischen dem für die Erhaltung des Lebens *Notwendigen*, dem in der Liebe *Möglichen* und dem in der Situation *Angemessenen* ermöglicht ein differenziertes Handeln, das auch der Liebe im Feld öffentlicher Verantwortung und politischer Entscheidung einen Raum gibt. Die Realität des Bösen verdrängt die Bereitschaft zur Versöhnung nicht. Freilich sind diese Kriterien kein unmittelbar anwendbares Rezept. Aber sie zeigen uns die Richtung verantwortlichen christlichen Handelns, das die Botschaft des Evangeliums mit Leben erfüllen will. Wir sind eingeladen, in einem Dialog untereinander und mit den Betroffenen das jeweils Angemessene zu finden. Christen sollen dafür werben, daß der Versöhnung eine Chance gegeben wird, und um Einverständnis dafür bitten, daß der Weg der Liebe und Solidarität beschritten wird. An Selbsterhaltung und Selbstentfaltung sind die Menschen ohnehin interessiert. Für solche Bereitschaft zur Versöhnung aber sollen sie aufgeschlossen werden.

Grundzüge eines neuen christlichen Verständnisses von Strafe und Strafvollzug

Christen können ja sagen zu Strafandrohung und Strafvollstreckung, wenn es darum geht, das Leben zu bewahren und der Gerechtigkeit den erforderlichen Raum zu schaffen. Sie können ja sagen zu Maßnahmen, die in gut abgewogener Weise der Bewahrung der Rechtsordnung und der Stärkung des Rechtsbewußtseins dienen. Aber sie beharren auf der sorgfältigen und kritischen Prüfung der Frage, welche Formen der Strafe und der Strafvollstreckung den Sicherheitsinteressen der Allgemeinheit am besten entsprechen.

Vermutlich wirkt eine allgemeine Strafandrohung (»Generalprävention«) kaum abschreckend auf Menschen, die unmittelbar in der Versuchung sind, eine Straftat zu begehen, aber sie kann Personen nachdenklich machen, die nicht unmittelbar gefährdet sind. Darüber hinaus macht die Generalprävention sichtbar: Unrecht kann nicht beliebig und konsequenzlos geschehen. Abstand zu nehmen ist aber von einem undifferenzierten Vergeltungsprinzip. Strafe kann in sich das Moment von Vergeltung haben. Eine christliche Deutung der Strafe wird nicht unterschlagen, daß selbst die fürsorglichste »Fürsorgemaßnahme« Zwangscharakter hat. Notwendige Sicherheitsinteressen müssen berücksichtigt und unserem Verständnis von Gerechtigkeit muß Ausdruck gegeben werden. Um des Schutzes des Lebens und um der Aufrechterhaltung der weltlichen Rechtsordnung willen können wir nicht darauf verzichten, Unrecht unter Strafe zu stellen.

Für den straffällig gewordenen Menschen bedeuten richterliches Urteil und Vollzug von Strafe, daß er in seinem Denken und Handeln »unterbrochen«, daß er mit den Folgen seiner Tat konfrontiert wird und sein Handeln verantworten muß. Darin wird er als Person ernst genommen. Das kann zur Schuldeinsicht und zu einem Prozeß des Umdenkens führen; es kann der Wiedereingliederung in die Gesellschaft dienen. Wir wissen, daß man Schuldeinsicht weder verordnen noch erzwingen kann, auch nicht durch die härtesten Strafen. Darum können richterliches Urteil und Vollzug nur ein Anfang und Anstoß in einem umfassenden Prozeß sein, der zu verantwortlichem Handeln und Leben führen soll.

Daraus ergibt sich für Art und Vollzug von Strafe folgendes:

Weil die im Namen des Volkes verhängte Strafe dem Lebensschutz und der Gerechtigkeit dient, nicht aber Vergeltung üben soll oder Sühne erzwingen kann, muß sie an der *Wiedergutmachung*, dem *Täter-Opfer-Ausgleich* und der *Konfliktregelung* orientiert sein. Es sollen – soweit möglich – konkrete Konflikte geregelt werden und die Opfer Wiedergutmachung erfahren. Statt der anonymen Beziehung zwischen der Gesellschaft (in Gestalt der staatlichen Vollzugsorgane) und dem Täter wird – wo immer das möglich ist – eine unmittelbare Beziehung zwischen den betroffenen Menschen angestrebt. Verantwortung und Pflicht bewirken mehr als alles andere die Integration des straffällig gewordenen Menschen in die Gesellschaft, und sie tragen dem Gerechtigkeits- und Rechtsempfinden der Bürger Rechnung.

Freiheitsstrafen können nur letzte Konsequenz sein, wenn andere Konfliktregelungen versagen bzw. wegen der Schwere des Rechtsbruchs nicht möglich sind und sich auch mit dem Rechtsempfinden der Bürger nicht vereinbaren lassen. Aus der Freiheitsstrafe gibt es nur verhältnismäßig selten einen Weg zur dauerhaften Wiedereingliederung in die Gesellschaft, denn das Gefängnis ist aller Erfahrung nach ein ungeeigneter Ort, um zu Schuldeinsicht fähig zu werden.

Dennoch ist, wo eine Freiheitsstrafe unverzichtbar erscheint, dem straffällig gewordenen Menschen jede denkbare Hilfe zur Wiedereingliederung anzubieten und alles zu tun, was sein Verantwortungsbewußtsein weckt und stärkt.

Auch wenn die Notwendigkeit von Strafe nicht bestritten wird, so ist es doch ein besonderer Auftrag der Christen, nach Wegen der Versöhnung zu suchen, die in Liebe möglich sind. Es widerspricht der Liebe nicht, das Vernünftige, die rechtverstandenen Eigeninteressen der Gesellschaft zu berücksichtigen. Zu diesen zählen Folgerungen aus der Tatsache, daß die Geltung der Rechtsordnung nicht allein durch Strafandrohung und Strafe abgesichert werden kann. Wirkungsvoller und humaner ist es, gesellschaftliche Strukturen zu schaffen, die als Grundlagen für eine verantwortliche Lebensführung geeignet sind. Die Qualität der politischen und ökonomischen Praxis, die Gerechtigkeit der Rechtsordnung sowie ihre für alle gleiche und gerechte Verwirklichung sind entscheidende Voraussetzungen für die verantwortliche Lebensführung des einzelnen.

Sofern dennoch auf staatlichen Machteinsatz in Form der Freiheitsstrafe nicht verzichtet werden kann, ist eine an der *Wiedereingliederung in die Gesellschaft* orientierte Strafpraxis am besten geeignet, der Sicherheit, dem Frieden und der Gerechtigkeit zu dienen. Eine Gesellschaft, die ihr Sicherheits- und Vergeltungsbedürfnis in den Vordergrund stellt und die Wiedereingliederung vernachlässigt, schadet sich auf Dauer selbst.

Über diese erkennbar vernünftigen Überlegungen hinaus ergibt sich aus dem Versöhnungsauftrag des Evangeliums eine doppelte Aufgabe:

Worte und Leben Jesu zeigen, daß er sich gerade nicht von den Verlorenen, denen, die zu Fall gekommen sind, den »Kranken« abwendet, sondern daß ihnen seine besondere Zuwendung und Liebe gilt. In der Nachfolge Jesu sind wir darum nicht nur aufgerufen, die Würde und das Leben eines jeden Menschen zu achten, sondern auch denen besonders beizustehen und zu helfen, die von gesellschaftlichen Normen abweichen und einen neuen Anfang finden müssen. Statt Kritik an dem Bemühen um Resozialisierung und an einem humanen Strafvollzug zu üben, sollten Christen für eine Verbesserung der Lebensbedingungen der Gefangenen, ihrer Ausbildungs- und

Kommunikationsmöglichkeiten eintreten und sich dafür einsetzen, daß dazu die finanziellen Voraussetzungen geschaffen werden.

Im Evangelium überwindet Gott den Widerspruch des Menschen mit sich selbst durch Liebe und Versöhnung. Auch für das Verhalten zwischen Menschen gilt, daß das Böse letztlich nur dort überwunden werden kann, wo Menschen bereit sind zur Versöhnung und zu einem Handeln aus Liebe. Besondere Hilfe brauchen z. B. straffällig gewordene Jugendliche. Es widerspräche dem Evangelium besonders eklatant, wollte die Gesellschaft ihren jungen und noch ungefestigten Mitgliedern gegenüber einseitig ihre Sicherheitsinteressen in den Vordergrund stellen. Nicht umsonst stellt das Jugendstrafrecht den Erziehungsgedanken in den Vordergrund. Gerade die jugendlichen Straffälligen fordern die Christen heraus, nach neuen Wegen der Wiedereingliederung zu suchen und sich für diese neuen Wege tatkräftig einzusetzen.

Zwischen der Notwendigkeit von Strafandrohung und Strafe und dem Weg der Versöhnung besteht unverkennbar eine Spannung. Eine christliche Ethik, die nach dem *in der Situation Angemessenen* fragt, wird diese Spannung nicht verdrängen oder einseitig auflösen. Sie sagt vielmehr: Innere Kraft einer Gesellschaft und eines Staatswesens zeigt sich darin, wie soziale Aufgaben übernommen werden, wie man mit den sozial Schwachen umgeht, zu welchem Handeln aus Versöhnungsbereitschaft und Solidarität die Menschen in dieser Gesellschaft fähig und bereit sind. Frei und lebensfähig, auf Einverständnis und Gerechtigkeit beruhend, ist nicht eine Gesellschaft, die soviel straft wie möglich, sondern eine Gesellschaft, die bereit ist, unter Zurückstellung von Sicherheitsinteressen straffällig Gewordenen zur neuen Integration in die Gesellschaft zu verhelfen. Christen müssen in diesem Sinne für einen Bewußtseinswandel eintreten: Weg von Rachegedanken und Vergeltungszwang, hin zu Versöhnung und Solidarität! Auch wenn eine Freiheitsstrafe unverzichtbar erscheint, dürfen Versöhnung und Solidarität nicht versagt werden. Daraus folgt: Die Schwere der Schuld eines Straftäters darf allein in der Festlegung der *Dauer* der Strafe ihren Ausdruck finden, nicht aber in besonderen Erschwernissen des Vollzugs. Und es entspricht sowohl der Gerechtigkeit als auch dem Gebot der Versöhnung, daß Straftäter, die ihre Strafe verbüßt haben, in der Gesellschaft nicht weiter als »vorbestraft« gebrandmarkt werden. Sie sind wieder als voll anerkannte Mitglieder in die Gesellschaft aufzunehmen. Es ist ein Skandal, daß wir Strafe verhängen, Sühne verlangen, nach deren Ableistung aber den Entlassenen oft die Integration verweigern. Dieses widersprüchliche Verhalten kommt daher, daß wir uns in der Regel stärker auf die geschehenen Taten als auf die Zukunft des Täters konzentrieren, zwischen Tat und Person nicht unterscheiden. Zum anderen ist hier eine bestimmte Sicht des Menschen und seines ethischen Verhaltens wirksam: Auch wenn wir als Christen erkennen, daß wir alle im Widerspruch zu Gott leben, daß wir Sünder sind, die Gott das Vertrauen verweigern, ist es doch im protestantischen Bereich seit der Reformation gängige Auffassung, daß der Mensch dazu fähig sei, zumindest ein ordentliches bürgerliches Leben zu führen und die Rechtsordnung zu befolgen. Ein Verstoß gegen die Rechtsordnung liegt in der Verantwortung des einzelnen, macht ihn schuldig und muß darum unnachsichtig geahndet werden. So führt das Wissen, daß wir vor Gott alle schuldig sind, vielfach nicht zu einem barmherzigen Umgang mit schuldig gewordenen Menschen, sondern eher zur Strenge und zur Ablehnung von Straftätern.

Heute erkennen wir, daß diese Unterscheidung: »Sünder vor Gott – aber fähig, ein ordentliches und rechtschaffenes Leben zu führen«, nicht haltbar ist. Die Humanwissenschaften haben uns gezeigt, daß Normübertretungen bzw. Gesetzesverletzungen oft die Folge tieferer Störungen der Persönlichkeitsentwicklung sind. Auch ein gestörtes Verhältnis zu Gott und die daraus folgende Angst und Selbstbezogenheit des Menschen kann sich in seinem täglichen Leben und Verhalten auswirken. Der Mensch ist ein der Versuchung ausgesetztes, immer gefährdetes Wesen, das unschuldig-schuldig falsche Wege geht, auf schiefe Bahnen gerät und oft scheitert.

Wer um das eigene Verhaftetsein in der Sünde weiß, wer sich dessen bewußt ist, daß er ein »rechtschaffenes Leben« nicht nur aus eigenem Verdienst führt, sondern dieses auch guten sozialen Umständen, dem Halt in einer intakten Familie und dem Einfluß von Freunden sowie nicht zuletzt geschenktem Glauben verdankt, wird barmherziger mit Menschen umgehen, die scheitern und falsche Wege gehen. Statt die Angst vor unseren eigenen dunklen Seiten und den Möglichkeiten unseres Scheiterns zu verdrängen, sie auf die straffällig gewordenen Menschen zu übertragen und sie *bei ihnen* entschlossen zu bekämpfen und zu bestrafen, entspricht es christlicher Sicht und Lebensweise, gerade solchen Menschen zu helfen, deren Leben nur teilweise gelingt.

Gott unterscheidet zwischen der Person des Menschen und dem, was er tut (seinen »Werken«). Er sagt ja auch zum sündigen Menschen und nein zu den bösen Taten. Dieser theologischen Grundeinsicht entsprechen auch unsere Verfassung und Rechtsordnung, wenn sie die Strafzumessung als Begrenzungsprinzip verstehen. Es geht um eine bestimmte Strafe für bestimmte verbotene Handlungen, nicht um ein Urteil über die Person als solche. Die Würde und das Ansehen der Person sind auch bei straffällig gewordenen Menschen zu achten und zu schützen. Wir sollen ehrlich und offen mit ihnen umgehen und Mißtrauen vermeiden.

Gefangenschaft bedeutet Leid. Das Gefängnis beschränkt die Lebens- und Kommunikationsmöglichkeiten auf engen Raum, reduziert Selbständigkeit und Eigeninitiative. Unwiederholbare Lebenszeit wird hier verbracht und verbraucht. Wenn eine Gesellschaft schon keinen anderen Weg als den der Freiheitsstrafe für bestimmte straffällig gewordene Menschen sieht, so gebietet doch die Nächstenliebe, Voraussetzungen für ein menschenwürdiges Leben im Gefängnis zu schaffen, vor allem für diejenigen, die eine längere Freiheitsstrafe verbüßen. Auch in den Fällen, in denen die Resozialisierungsmöglichkeiten gering eingeschätzt werden, sind menschenwürdige Vollzugsbedingungen ein Gebot der Humanität.

Schuld eingestehen und sich der Vergebung Gottes anvertrauen: das macht frei für einen neuen Anfang. Diese aus dem Evangelium gewonnene Einsicht muß das A und O unseres Umgangs mit straffällig gewordenen Menschen sein. Je freier wir selber im Sinne des Evangeliums sind, desto mehr sind wir geeignet, anderen ein helfender Partner zu sein. Je mehr wir das Bild eines Menschen vermitteln, der von seiner Schuld weiß, desto leichter wird es anderen, sich ihrer Schuld zu stellen. Berührungsängste können so abgebaut und christliche Gemeinden zu Orten der Begegnung und Versöhnung werden.

Strafvollzug als Aufgabe

1. Der rechtliche Rahmen

Wo staatliche Gewalt – notwendigerweise – ein besonders großes Betätigungsfeld hat, muß sie sich – ebenfalls notwendigerweise – der ständigen Problematisierung und Kontrolle unterwerfen. Ihre Doppelfunktion: einerseits den Willen der Gemeinschaft durchzusetzen, den Gesetzen notfalls auch mit physischer Zwangsgewalt Geltung zu verschaffen, andererseits aber die Würde des Menschen zu achten und zu schützen, muß als solche erkennbar, nachvollziehbar, akzeptabel sein, auch und gerade im Gefängnis. Im Ausnahmezustand des Strafvollzugs, wo Freiheit, neben dem Leben das höchste Gut unserer Rechtsordnung, zum Zwecke des Strafens entzogen wird, muß gewährleistet sein, daß dem gefangenen Menschen so viel an persönlicher Freiheit verbleibt, wie mit dem Zweck des Strafens eben noch vereinbar.

Das ist eine Gratwanderung, die viel Sensibilität, ein stets waches Bewußtsein aller Beteiligten erfordert. Manche halten sie für unmöglich. Sie plädieren deshalb für eine »Abschaffung der Gefängnisse«. Eine solche Radikallösung bedeutete jedoch ein Ausweichen vor der Komplexität und Schwierigkeit des Problems. Es muß möglich sein, ein immer größeres Maß an Freiheit und Menschenwürde auch unter den Bedingungen der Haft zu realisieren. Unsere Verfassung und die dazu ergangene Rechtsprechung weisen den Weg. Ernst Benda markiert den entscheidenden Punkt so: »Auch der Straffällige ist zunächst und vor allem ein Glied der Gemeinschaft, für den das Grundgesetz gilt wie für jeden anderen.« Diese Aussage klingt selbstverständlicher als sie es ist. Vielfach wird ja die Ansicht vertreten, der Straffällige stelle sich durch seine Straftat außerhalb der Rechtsgemeinschaft, und Resozialisierung sei der Vorgang, der den Straffälligen wieder in die Rechtsgemeinschaft eingliedere.

Das aber ist unrichtig. Der Straffällige ist in jeder Phase seines Handelns Mitglied der Rechtsgemeinschaft. Er ist und bleibt Träger nicht nur von Rechten, sondern auch von *Grundrechten*. »Das Ziel der Resozialisierung wäre im Ansatz verfehlt, könnte sich der Straffällige nicht darauf verlassen, daß die Rechtsordnung auch für ihn gilt« (Benda).

Was bedeutet es nun, daß die Rechtsordnung im allgemeinen und die Grundrechte im besonderen für den Strafgefangenen gelten? Es bedeutet im Kern, daß ein und dasselbe Menschenbild uneingeschränkt für Freie wie für Gefangene gilt. Dieses Bild, vom Bundesverfassungsgericht immer wieder in seinen Konturen verdeutlicht, ist durch folgende Aussagen zu umreißen:

- Der Mensch besitzt »in der Schöpfungsordnung einen eigenen selbständigen Wert«.
- Der Mensch ist ein geistig-sittliches Wesen, »das darauf angelegt ist, in Freiheit sich selbst zu bestimmen und sich zu entfalten«.
- Der Mensch muß über sich selbst verfügen und sein Schicksal eigenverantwortlich bestimmen können.
- Der Mensch darf nicht zum bloßen Objekt gemacht werden.
- Der Mensch darf insbesondere nicht zum bloßen Objekt der Verbrechensbekämpfung gemacht werden.
- Dem Menschen darf die Freiheit nicht entzogen werden ohne die Chance, ihrer wieder teilhaftig zu werden.
- Grausame, unmenschliche und erniedrigende Strafen sind verboten.
- Die Würde des Menschen ist der oberste Wert der Verfassung, sie ist »etwas Unverfügbares«.
- Die Würde des Menschen existiert unabhängig davon, ob der einzelne sich ihrer bewußt ist.

Auf dem Deutschen Evangelischen Kirchentag in Frankfurt 1987 fand eine Veranstaltung statt, an der sich auch beurlaubte Strafgefangene beteiligen konnten. Sie stand unter dem Motto: »Die Würde des Menschen ist … antastbar.« Belege dafür wurden geliefert. In der Realität ist die Würde des Menschen antastbar, nicht nur die des gefangenen Menschen. Gerade deshalb brauchen wir das verfassungsrechtliche Verbotsschild der Unantastbarkeit: Menschenwürde ist antastbar, aber sie soll unantastbar sein. Das Ziel liegt am weiten Horizont, und wir werden es nie ganz erreichen. Es kommt darauf an, daß wir es erreichen wollen.

Wenn man die Grundideen unserer Verfassung als Prinzipien formuliert, sind in erster Linie zu nennen das Prinzip der Menschenwürde, das Prinzip der freien Entfaltung der Persönlichkeit, das Demokratieprinzip, das Rechtsstaatsprinzip und das Sozialstaatsprinzip. Diese Prinzipien finden sich, mehr oder weniger deutlich, auch im Strafvollzugsgesetz wieder.

Das Vollzugsziel »Resozialisierung«, wie es in Paragraph 2 des Strafvollzugsgesetzes formuliert ist, wird vom Bundesverfassungsgericht aus dem Sozialstaatsprinzip begründet: Dem nicht nur schuldig gewordenen, sondern meist auch in seiner Sozialisation behinderten Menschen »sollen Fähigkeiten und Willen zu verantwortlicher Lebensführung vermittelt werden, er soll es lernen, sich unter den Bedingungen einer freien Gesellschaft ohne Rechtsbruch zu behaupten, ihre Chancen wahrzunehmen und ihre Risiken zu bestehen«.

Dieses Vollzugsziel ist aber auch zugleich eine Ausprägung der Menschenwürde des Gefangenen und seines Grundrechts auf freie Entfaltung seiner Persönlichkeit. So stellte das Bundesverfassungsgericht in einem bedeutsamen Urteil fest: »Als Träger der aus der Menschenwürde folgenden und ihren Schutz gewährleistenden Grundrechte muß der verurteilte Straftäter die Chance erhalten, sich nach Verbüßung seiner Strafe wieder in die Gesellschaft einzuordnen. Vom Täter aus gesehen erwächst dieses Interesse an der Resozialisierung aus seinem Grundrecht aus Artikel 2 Absatz 1 (freie Entfaltung der Persönlichkeit) in Verbindung mit Artikel 1 (Achtung der Menschenwürde) Grundgesetz. Von der Gemeinschaft aus betrachtet verlangt das Sozialstaatsprinzip staatliche Vor- und Fürsorge für Gruppen der Gesellschaft, die aufgrund persönlicher Schwäche oder Schuld, Unfähigkeit oder gesellschaftlicher Benachteiligung in ihrer persönlichen und sozialen Entfaltung behindert sind; dazu gehören auch die Gefangenen und Entlassenen.«

Resozialisierung wird dem gefangenen Menschen nicht übergestülpt oder aufgedrängt. Das Strafvollzugsgesetz geht vielmehr davon aus, daß der Gefangene an dieser Entwicklung mitwirke. Er wird zu dieser Mitwirkung nicht gezwungen, vielmehr soll er beharrlich ermuntert und überzeugt werden; auch nach Rückschlägen und Zweifeln wird immer wieder durch neue Angebote und Vorschläge geworben.

So basiert also der Vorgang der Resozialisierung auf den drei Verfassungsprinzipien Menschenwürde, Persönlichkeitsentfaltung und Sozialstaatlichkeit. Das Strafvollzugsgesetz bestimmt ausdrücklich, daß der Gefangene »an der Gestaltung seiner Behandlung und an der Erreichung des Vollzugszieles« mitwirke (Paragraph 4). Diese Vorschrift ist *auch* als eine Ausprägung des Demokratieprinzips zu interpretieren: der Strafgefangene bleibt auch in der Haft *Bürger;* ihm muß ein möglichst großes Maß jener »Mündigkeit« verbleiben, die alle Bürger in einer Demokratie auszeichnen soll. Im Vordergrund der Empfindungen eines Gefangenen steht jedoch nicht Mündigkeit, sondern im Gegenteil Ohnmacht. Er leidet darunter tagtäglich.

Die Neigung zu Frustration, zu Staatsverdrossenheit, die schon den in Freiheit Lebenden überkommen kann (und der nach einer Entscheidung des Bundesverfassungsgerichtes zu wehren ist), wird sich – selbst bei dem einsichtigen Gefangenen – gefährlich steigern, wenn man ihm Mitwirkungs*rechte* verweigert bzw. es ihm schwer oder unmöglich macht, seinen Mitwirkungs*pflichten* nachzukommen. Der Gefangene – Verfassung wie Strafvollzugsgesetz gebieten es – muß sich ernstgenommen fühlen als »Mitwirkender« an der Resozialisierung.

Was das Strafvollzugsgesetz unter den »Grundsätzen« des Vollzugs formuliert, nimmt es im Detail leider wieder zurück bzw. beschreibt es so vage und verklausuliert, daß von den Grundsätzen in der Praxis immer wieder abgewichen werden kann. So heißt es etwa in Paragraph 6: »Die Planung der Behandlung wird mit dem Gefangenen erörtert.« Leicht ist erkennbar, daß zwischen einer konkreten *Mitwirkung* und einer unverbindlichen *Erörterung* ein großer Unterschied bestehen kann. Er muß es freilich nicht: Die Detailbestimmungen des Strafvollzugsgesetzes über die Planung der Behandlung, über die Unterbringung im offenen Vollzug, über Vollzugslockerungen, über die Ausgestaltung des Haftraumes, Einkaufsmöglichkeiten, Schriftwechsel, Unterricht, Selbstbeschäftigung und Freizeit und andere mehr, die vielfach als »Kann«-Bestimmungen ausgeformt sind, können so verwirklicht werden, daß der Gefangene ein Mitwirkender ist und nicht jemand, dem etwas zugeteilt, verordnet, aufoktroyiert wird. Erst wenn Mitwirkung weitgehend praktiziert wird, kann man sagen, daß dem Demokratieprinzip unserer Verfassung genüge getan wird.

Die Einzelregelungen des Strafvollzugsgesetzes sind stets im Sinne der Vollzugsgrundsätze zu interpretieren. Was das heißt, sei an einem Beispiel aus dem Kapitel »Religionsausübung« verdeutlicht. Dort heißt es (in Paragraph 53): »Der Gefangene darf grundlegende religiöse Schriften besitzen.« Wie auch immer das Wörtchen »grundlegend« in diesen Satz hineingelangt ist: engherzig ausgelegt, würde es nahezu jede Form von Indizierung ermöglichen. »Grundlegend« sind Bibel und Koran, sind aber die Schriften von Barth, Bultmann, Tillich und Gollwitzer auch »grundlegend«? Sollen der Anstaltsleiter oder ein anderer Bediensteter darüber entscheiden können, ob ein Gefangener sie »besitzen« darf? Soll ein Gefangener, der die Bibel nicht in seinem »Besitz« hat, gleichwohl aber das neueste Werk von Heinz Zahrnt erwerben möchte, darauf verwiesen werden können, zunächst das »grundlegendere« Neue Testament anzuschaffen?

Wem diese Fragen allzu hypothetisch erscheinen, der sei auf das einführende Kapitel »Von der Schwierigkeit, im Gefangenen einen normalen Menschen zu sehen« verwiesen. Die Wirklichkeit des Strafvollzuges ist manchmal immer noch »unwirklicher« als die Phantasie, der man bei den einzelnen Vorschriften des Strafvollzugsgesetzes freien Lauf läßt. Warum überhaupt gibt es im Paragraphen 53 des Strafvollzugsgesetzes nach dem erwähnten Satz noch die folgende Ergänzung: »Sie (d. h. die grundlegenden religiösen Schriften) dürfen ihm (dem Gefangenen) nur bei grobem Mißbrauch entzogen werden.« Welcher »grobe Mißbrauch« mit grundlegenden religiösen Schriften hat hier den Gesetzesmachern vorgeschwebt? Daß der Gefangene pornographische Zeichnungen auf den Rand kritzelt, wo das Hohe Lied Salomonis abgedruckt ist?, daß er eine Bibel als Wurfgeschoß verwendet?, daß er Fluchtpläne ins Buch Hiob einlegt? Die Wirklichkeit ist vermutlich prosaischer: der Gesetzgeber hat – konkret – an gar nichts gedacht. Von den vielen Beratungsgremien hat eines ihm eingeredet, daß Mißbrauch prinzipiell immer möglich sei und folglich eine Eingriffsbefugnis geschaffen werden müsse, die es gestatte, dem Gefangenen im Bedarfsfalle auch die grundlegenden religiösen Schriften zu entziehen.

Das Strafvollzugsgesetz enthält viele, allzu viele solcher Eingriffsbefugnisse, die ihren Ursprung der Sorge verdanken, zu eindeutige gesetzliche Festschreibungen könnten zu nicht kontrollierbaren Vollzugsverhältnissen führen. Dieses Mißtrauen findet sich verstärkt in den von den Bundesländern erlassenen Verwaltungsvorschriften zum Strafvollzugsgesetz, die in manchmal sehr fragwürdiger und in einigen Punkten von den Gerichten mißbilligter Weise durch Auslegungshinweise und Ermessensrichtlinien weitere Einengung vorsehen. Diese Ängstlichkeit und dieses Mißtrauen standen und stehen der Entwicklung im Wege. Sie mögen verständlich sein, weil das Gesetz zu einer Zeit entstanden ist, als der Strafvollzug noch ohne gesetzliche Grundlage auf der Basis einer »Dienst- und Vollzugsordnung« betrieben wurde, zu deren Wesenselementen Mißtrauen und obrigkeitliche Reglementierung gehörten. Die notwendige Überwindung des alten Denkens konnte wohl nicht in einem Schritt erfolgen.

Was aber Gustav Heinemann damals vorschwebte, nämlich den Strafvollzug »in Einklang mit den Grundrechten« zu bringen, ist möglich, wenn die Einzelbestimmungen des Strafvollzugsgesetzes im Lichte dieser Zielsetzung gesehen werden, wenn die »Grundsätze« des Gesetzes den Interpretationsmaßstab für die Einzelbestimmungen abgeben. Eben das wird hier gefordert!

Man mag dem entgegenhalten, daß der hier geforderte gute Wille der Gemeinschaft oft auf wenig Gegenliebe stoße, daß Vertrauen oft nicht gerechtfertigt, wirkliche »Mündigkeit« bei den Gefangenen selten, Lernbereitschaft nur begrenzt vorhanden sei. Solche Einwände sind nicht leicht zu nehmen. Doch die damit angeschnittenen Probleme müssen nicht unabänderliche Probleme bleiben. Die in den Strafvollzug kommenden Menschen sind nicht unbeschädigt, sie sind vielmehr oft schwach, unsicher und fehlgeleitet. Sie haben Schuld auf sich geladen. Es gibt eigentlich wenig Aussicht darauf, daß sie sich nach Passieren des Gefängnistores alsbald in jenen Idealtypus verwandeln, wie er von Gesetz und Rechtsprechung skizziert wird: resozialisierungsbereit, aktiv, autonom, würdebewußt und verantwortungsvoll, auf »Entfaltung« und »Entwicklung« bedacht. Welcher in Freiheit lebende Mensch könnte schon von sich sagen, daß er die Summe dieser guten Eigenschaften repräsentiere?

Durch einen Umstand wird der gefangene Mensch aber besonders belastet: über ihn wird eine Akte geführt. Eine Akte, die üblicherweise alle negativen Eigenschaften wie mit einem Brennglas bündelt. Da gibt es in der Regel Entscheidungen, in denen Freiheitsstrafe und Strafvollzug mit einer schlechten Sozialprognose des Betreffenden begründet sind; es gibt Meldungen über nicht ordnungsgemäßes Verhalten im Vollzug, und viele kritische Beurteilungen sind abgeheftet. Damit wird ausgeblendet, was sich selbstverständlich auch bei den gefangenen Menschen finden läßt: positive Persönlichkeitsmerkmale, weiße Bereiche auf der schwarzen Weste sozusagen. Ginge man mit solchen Akten anders um, könnten auch sie Ansatzpunkte für positive Entwicklungen liefern. Freilich erforderte dies ein vorrangig individuelles Eingehen auf jeden Gefangenen und das Freimachen von Vorurteilen über Kriminalität und Kriminelle.

Damit ist deutlich gemacht, daß alle Argumente, die darauf aufbauen, daß der Resozialisierende den gesetzlichen Ansprüchen nicht genüge, nur sehr begrenzt tauglich sind, die Zielvorstellung des Strafvollzugsgesetzes in Frage zu stellen. Sie werden, wenn das Gesetz konsequent in dem hier als richtig und notwendig gekennzeichneten Sinne angewendet wird, weiterhin an Bedeutung verlieren. Denn es kann nicht anders sein, als daß es eine Wechselwirkung gibt zwischen der gesetzlichen Praxis einerseits und dem Verhalten der Menschen im Vollzug andererseits. Wie man in den Wald ruft, so schallt es heraus: Wem man eine Persönlichkeitsentwicklung zutraut, der hat größere Chancen, dem Vertrauen entsprechen zu können.

Persönlichkeitsentfaltung kann auch auf umgekehrte Weise geschehen, also im Widerstand gegen unmäßige Beeinträchtigungen. Wer gegen die Anstaltsleitung oder die Aufsichtsbehörde bei Gericht etwas durchsetzt, wird das zweifellos nicht nur als punktuellen Erfolg verbuchen (eigene Tasse oder Tagesdecke erstritten!), sondern sich auch in seinem Selbstwertgefühl gestärkt fühlen.

Doch abgesehen davon, daß das gerichtliche Erstreiten lange dauern kann und doch nur wenigen Erfolgserlebnisse bringt, beseitigt es auch nicht einen fundamentalen Mißstand, ja, macht ihn im Umkehrschluß noch deutlicher. Denn den Erfolg wird mancher Gefangene doch mit den Worten beschreiben: Es gibt zwar einige vernünftige Richter, aber hier in der Anstalt habe ich es nur mit Ignoranten und Unterdrückern zu tun ...

So ist das Rechtsstaatsprinzip zwar eine Zierde auch des Strafvollzuges, aber der tägliche Umgang zwischen Bediensteten und Gefangenen in der Strafanstalt ist das eigentliche Brot der Resozialisierung.

Wiederholt wurde schon in anderem Zusammenhang darauf hingewiesen, daß ein Arbeitslohn, wie er in freien Lebensverhältnissen üblich ist, für den Erfolg der Resozialisierung von überragender Bedeutung ist. Der Mensch, der einer geregelten Arbeit nachgeht, sein Brot verdient und seine Familie versorgt, ist für die Allgemeinheit ein unauffälliger Normalbürger, dem man mit Vertrauen begegnet. Daß »Müßiggang aller Laster Anfang« sei, dürfte als weithin gültige Volksweisheit gelten.

In unseren Gefängnissen gibt es keinen normalen Lohn, und allzu viele Gefangene sind nicht nur zum Freiheitsentzug, sondern auch zum Müßiggang verurteilt. Gerade in Anstalten mit einem etwas liberaleren Klima hat man den Eindruck, daß die weitgehend sich selbst überlassenen, auch tagsüber auf den Betten liegenden Gefangenen unmöglich auf dem Weg zur Wiedereingliederung sein können. Diese Situation entspricht nicht den Anforderungen, die von den Prinzipien der Menschenwürde sowie der freien Entfaltung der Persönlichkeit her an den Strafvollzug zu stellen sind. Sie ist erniedrigend und sozialstaatswidrig.

Die Forderung nach einem den Arbeitsverhältnissen in Freiheit entsprechenden Lohn für Gefangenenarbeit ist also von der Verfassung geboten. Sie basiert auf Grundrechten des Individuums und fundamentalen Zielbestimmungen unseres Gemeinwesens. Auch die Forderung, den Gefangenen überhaupt Arbeit zu verschaffen, läßt sich ähnlich begründen.

Eine Gesellschaft, die sich so schwer damit tut, Arbeit gerecht zu verteilen und in der die Probleme gerechter Besteuerung sowie eines angemessenen Verhältnisses zwischen individueller Belastung und allgemeinem Investitionsaufwand derart umstritten sind, wird sich allerdings nur ungern auch noch mit der »Enklave Strafvollzug« befassen. In dieser Enklave jedoch sind manche Probleme unserer Gesamtgesellschaft wie in einem Zerrspiegel zu betrachten. Diese Enklave könnte Metastasen bilden, wenn wir weiterhin mißachten, was die Grundsätze unserer Verfassung gebieten.

2. Gefängnisseelsorge oder: Vom Risiko des Glaubens

Den Menschen durch sein Leben zu begleiten, durch Höhen und Tiefen, in Grenzsituationen: das gehört zum Auftrag der kirchlichen Gemeinde von ihren Anfängen her. Folglich war und ist die christliche Seelsorge auch Bestandteil des Gefängniswesens.

Die Erwartungen an den Pfarrer mögen sich gewandelt haben, sind aber immer noch hoch. Gleichzeitig begegnet man ihm mit Skepsis: »Der Pfarrer kann praktisch tun, was er will, er wird nicht kontrolliert, und niemand weiß so richtig, was er tut.«...»Mir scheint, daß es kaum eine Berufsgruppe gibt, die schwerer in den Griff zu bekommen ist, als die der Anstaltsgeistlichen.«... »Wenn der Knastpfarrer oft Himmelskomiker genannt wird, dann liegt das daran, daß er meist sehr wenig Ahnung hat, was im Knast läuft, und ganz abgehoben seine Schau abzieht.« So reden Bedienstete und Gefangene von ihm.

Mit dem Wandel des Strafvollzugs, dem Aufbau pädagogischer, sozialer und therapeutischer Fachdienste hat sich in der Tat die Stellung des Seelsorgers gewandelt. Zuständigkeiten, die früher bei ihm lagen, sind auf andere Mitarbeiter übergegangen – im Prinzip jedenfalls und im Bewußtsein der Gesellschaft, besonders in der Fachwelt. In der Kirche, dem anderen, primär für die »Religion« zuständigen Auftraggeber der Seelsorger, ist ebenfalls ein Wandel vor sich gegangen. Er hat bewirkt, daß sich die Kirche in allen staatlich geordneten Arbeitsfeldern, in denen sie seelsorgerlich tätig ist, stärker auf ihren eigentlichen Auftrag besonnen hat und konzentriert. Das gilt auch für den Strafvollzug. Seelsorger können sich nicht mit allen Zielen und Methoden staatlichen Strafvollzugs identifizieren. Sie haben ihre eigene Arbeitsweise und spezifische Zielvorstellungen. Ferner hat ihre Auseinandersetzung mit den Humanwissenschaften in Theologie und Seelsorge neue Impulse gesetzt. Die gewandelten Arbeitsvoraussetzungen erfordern, daß die Seelsorger über ihre Aufgabe, ihre Zielsetzung und ihre Arbeitsweise ein klares Bild haben und dies den Gefangenen, den Bediensteten, der Justizverwaltung und allen sonstigen Beteiligten immer wieder verdeutlichen und interpretieren.

Gefängnisseelsorge steht unter demselben Auftrag wie alle kirchliche Arbeit schlechthin. Es gibt verschiedene Weisen, diesen Auftrag zu beschreiben und in der Praxis zu gestalten. Zugrunde liegen zentrale Aussagen der Bibel, wie sie auch im Glaubensbekenntnis zusammengefaßt sind: Der Mensch ist von Gott geschaffen, ist Bild Gottes. Jesus Christus hat für ihn gelitten und ist für ihn gestorben, um ihm aus Verstrickung und Schuld die Chance eines neuen Lebens zu eröffnen. Sünde und Erlösung sind innerhalb und außerhalb des Gefängnisses prinzipiell nicht verschieden, so verschieden auch die Erscheinungsformen sein mögen. Die Zusammengehörigkeit der Gemeinschaft der Heiligen gilt über die Gefängnismauern hinweg. Straffällige, ihre Opfer, Bedienstete, die Seelsorger, die Menschen draußen – für alle gilt diese Botschaft.

Was in diesen Sätzen zunächst dogmatisch und abstrakt klingt, hat weitreichende praktische Konsequenzen. Gefängnisseelsorge ist weder nur Übermittlung einer Lehre, noch einfach Trost für das Gefühl (obwohl sie beides auch ist). Die Seelsorge bringt in den Strafvollzug eine bestimmte Perspektive, und sie setzt mit dieser Perspektive in der unmittelbaren Lebenssituation an.

Sie sieht den Gefangenen als einen von Gott geliebten Menschen. Darum hat sie das Ganze seines Lebens im Blick: die Gegenwart, die Last und Freude der Vergangenheit, die Hoffnung, Sorge, auch Verzweiflung angesichts der Zukunft. Der Seelsorger legt den Gefangenen nicht auf seine Taten und auf die Strafe fest, sondern er sieht ihn als Person, als eine Person mit Gaben und Möglichkeiten, mit Schwäche und Verirrung – in seiner einmaligen, unaustauschbaren Lebensgeschichte. Seelsorge heißt Lebensdeutung, Lebensorientierung, Hilfe zur Lebensgestaltung – es gibt kein Thema, das hier auszusparen wäre. Der Umgang zwischen den Menschen »drinnen« und »draußen«; die Möglichkeiten, eigene Begabungen zu entfalten; das Aushalten in Schwierigkeiten und Konflikten; die Freude in mannigfacher, und sei es noch so bescheidener Form: alles kann Gegenstand von Gefängnisseelsorge sein.

Seelsorge orientiert sich am Handeln Jesu. Im Leben Jesu gehören die gemeinsame festliche Mahlzeit, die Heilung der Kranken als Zeichen des Anbruchs des Reiches Gottes mit Predigt und Einzelgespräch zusammen. Nach einem Zeitalter der Rationalisierung und Ethisierung der Religion neigen wir dazu, das Element eines ganzheitlichen Verständnisses als »nur äußerlich« zu qualifizieren. Die Tasse Kaffee beim Gespräch, die Vermittlung eines Telefonats – es ist nicht ohne weiteres erkennbar, ob sie nur »Vergünstigungen« oder ob sie »Zeichen« im biblischen Sinn, d. h. Ausdruck der die ganze Lebenswirklichkeit umfassenden Tatsache sind, daß der Mensch von Gott angenommen und gewollt ist. Menschen kommunizieren miteinander nicht nur durch Worte. Diese allgemeine Lebenserfahrung gilt im Gefängnis verstärkt. So kann Seelsorge einen vielgestaltigen Ausdruck annehmen. Die Undeutlichkeit, die sich daraus ergibt, wird akzeptiert, wenn Menschen sie bei ihrem Gemeindepfarrer wahrnehmen. Da der Strafvollzug einen Bereich mit streng geordneten Zuständigkeiten darstellt, wird solche Unschärfe dort stärker empfunden. Von der Sache her ist sie unvermeidbar. Allerdings muß ihr Bezug zum christlichen Glauben immer wieder deutlich gemacht werden.

Die Seelsorge im Strafvollzug hat es im besonderen Maße mit Menschen zu tun, die unter schwierigen Lebensbedingungen aufgewachsen sind. Seelsorger und Seelsorgerinnen werden sich darum Fähigkeiten und Kenntnisse zu eigen machen, die sie Lebensstörungen erkennen und angemessen damit umgehen lassen. Sie werden Wege der Kommunikation suchen, die solchen Menschen gemäß sind, die ihre Nöte und Freuden nicht in »gepflegtem Gespräch« auszudrücken gewohnt sind. Sie werden Freiraum für das Auf und Ab der Entwicklung eines Menschen lassen und – wo möglich – Hilfen zur Identitätsfindung und – wenn der Zeitpunkt gekommen ist – zur inneren Verarbeitung von Schuld und Schicksal geben.

Da die meisten Gefangenen aus kirchenfernem Milieu kommen, Inhalt und Sprache der Bibel und des Gesangbuches nicht kennen, ist für die Gestaltung der Gottesdienste, des Einzel- und des Gruppengesprächs sehr sorgfältig danach zu fragen, wie das Angebot des Evangeliums lebensbezogen vermittelt werden kann.

Christliche Seelsorge fragt nicht nur nach dem Verhältnis des Menschen zu Gott, sondern gemäß dem biblischen Menschenverständnis auch nach seinen sozialen Bezügen. So kümmert sie sich auch um die Verbindung mit Angehörigen und Freunden des Gefangenen und versucht, seine Probleme mit Bezugspersonen zu verstehen und aufzugreifen.

Der Pfarrer und die Strafvollzugsbediensteten

Seelsorge im Strafvollzug heißt nicht nur kirchliche Arbeit in einem bestimmten organisatorischen Rahmen, in dem eben viele Bestimmungen einzuhalten sind (so kann beispielsweise während der ärztlichen Behandlung im Krankenhaus nicht gleichzeitig ein Gespräch mit dem Seelsorger stattfinden, was an sich möglich und in manchen Fällen auch sinnvoll wäre). Von ihrem inhaltlichen Auftrag her kann die christliche Seelsorge gar nicht absehen von dem, was der Strafvollzug grundsätzlich verkörpert – und wie er praktisch durchgeführt wird. Nicht von ungefähr waren es Seelsorger, die Impulse zu einer menschenwürdigen Gestaltung des Strafvollzugs gegeben haben. Seelsorge greift weiter als die Paragraphen des Strafvollzugsgesetzes reichen, aber sie sagt ja zu den Aufgaben des Vollzugs, insofern diese dem Leben dienen. Gemeinsam mit den Bediensteten auf das Ziel der Versöhnung hinzuarbeiten, diesem Ziel gleichermaßen verpflichtet zu sein, bedeutet auch, daß der Seelsorger verständnisvolle Aufmerksamkeit für den Dienst der Vollzugsbeamten aufzubringen hat und sie in ihrer lebenerhaltenden und -stärkenden Funktion unterstützt.

Die tägliche Praxis des Strafvollzugs macht dem Seelsorger jedoch bewußt, wie stark die Spannung zwischen den beiden Polen: Förderung des Gefangenen und Schutz der Gesellschaft, ist. Von seinem Auftrag her besonders dem Schwächeren, dem Gefangenen zugewandt, muß der Seelsorger sich im Konfliktfall stets für eine sorgfältige Einzelfallprüfung und – soweit das ohne zu großen Schaden möglich ist – für eine Lösung zugunsten des Gefangenen einsetzen.

Ziel des Strafvollzugs ist, daß der Gefangene künftig ein Leben in sozialer Verantwortung führt. Das ist natürlich ein Ideal, das in der Praxis nur unvollkommen erreicht wird. Die Schäden, aus denen die Delinquenz erwachsen ist, können allenfalls im Einzelfall gemildert, in der Regel aber zumindest nicht »in einem Gang« behoben werden. Die Vielzahl der geschädigten Menschen unter einem Dach, die Probleme einer stark verrechtlichten Großorganisation, das Nachwirken anderer Traditionen bei den Vollzugsbeamten – das alles wirkt sich negativ auf die Verwirklichung des Gesetzeszieles aus, erst recht aber auf die Seelsorge. Die von der Praxis wie vom Strafvollzugsgesetz geforderte Zusammenarbeit der Seelsorger mit den anderen Mitarbeitern des Vollzugs steht darum notwendigerweise immer wieder unter Spannungen. Es gehört zu den Aufgaben beider Seiten, der Seelsorger wie Vollzugsmitarbeiter, diese Spannungen als von der Aufgabenstellung her notwendig zu verstehen, sie nicht unsachgemäß hochzuspielen, sondern immer wieder nach Wegen zu suchen, konstruktiv mit ihnen umzugehen.

Schwerpunkt seelsorgerlicher Tätigkeit muß die Arbeit mit dem Gefangenen sein, aber der Gefängnispfarrer kann die Vollzugsbeamten aller Sparten nicht aus dem Blick lassen. Es ist seine Aufgabe, sie zu unterstützen, ihnen mit Kritik gegenüberzutreten und ihnen auch persönlich zur Verfügung zu stehen, wo dies not tut. Daß Gottes Angebot allen Menschen, den Bediensteten ebenso gilt wie den Gefangenen, bedarf in der polarisierenden Atmosphäre einer Justizvollzugsanstalt der immer wieder neuen Bestätigung.

Gefängnisseelsorge und christliche Gemeinde

»Zum (kirchlichen) Dienst an den Gefangenen gehört ..., daß die Gemeinschaft zwischen der Gemeinde außerhalb des Gefängnisses und der Gemeinde im Gefängnis geachtet, gestärkt und erfahrbar wird.« Diesen Grundsatz haben schon im 19. Jahrhundert Fliedner und Wichern in den Formen ihrer Zeit realisiert; er muß unter den heutigen Voraussetzungen neu konzipiert und in der Praxis vollzogen werden. In den letzten Jahren sind eine Reihe von Versuchen gemacht und Erfahrungen dabei gesammelt worden. Diese haben sich positiv für die Gefangenen, die Seelsorger und auch für die Kirchenglieder »draußen« ausgewirkt. Es sind dabei aber auch Schwierigkeiten aufgetreten, die bedacht und verarbeitet werden müssen. Man wird sich davor hüten müssen, Gemeinschaft gewollt zu demonstrieren – sie muß statt dessen echte Möglichkeiten haben zu wachsen. So ist die jeweilige Vollzugsform zu berücksichtigen; im offenen Vollzug und im Jugendvollzug wird es andere Möglichkeiten der Realisierung geben als in einer hochgesicherten Anstalt. Ebenso wird eine Mitarbeit von außen verschiedene Gestalt haben – je nachdem , ob es sich um eine Anstalt mit starker Fluktuation handelt oder um eine Anstalt mit Gefangenen, die lange Freiheitsstrafen zu verbüßen haben. Auch das kirchliche Umfeld ist zu berücksichtigen: in der Großstadt ergeben sich andere Möglichkeiten als im kleinstädtischen oder ländlichen Bereich. Gemeinde ist hier nicht nur die Ortskirchengemeinde. Dieses Wort steht auch für größere kirchliche Zusammenhänge. Ehrenamtliche Mitarbeiter und Mitarbeiterinnen aus der unmittelbaren Nachbarschaft einer Vollzugsanstalt haben andere Aufgaben als zum Beispiel die synodale Vertretung einer Landeskirche, die unmittelbar zur Öffentlichkeit spricht.

Der praktischen Möglichkeiten gibt es viele: Gemeindeglieder aus der Umgebung einer Anstalt können gemeinsam mit Gefangenen einen Gottesdienst gestalten – sei es in der Anstalt oder in der Kirche draußen; ehrenamtliche Mitarbeiter und Mitarbeiterinnen können an der Gruppenarbeit und in der Einzelbetreuung im Gefängnis mitwirken. Hier ließen sich sicher noch stärker als bisher vorhandene Begabungen und berufliche und menschliche Sachkompetenz im kirchlichen Bereich erschließen. Für die Vorbereitung und Begleitung gilt das bereits oben zur Mitarbeit ehrenamtlicher Personen Gesagte (vgl. Seite 39f.). Der musische Bereich, sportliche Veranstaltungen laden ein zu Begegnungen. Auch hier gilt: Menschen kommunizieren nicht nur durch Worte miteinander.

Hilfe geben, Hilfe brauchen, nicht allein stehen

Die Wirklichkeit des Gefängnisses widerspricht all dem, was uns das Evangelium zusagt und für unser Leben eröffnen will: Vertrauen, Bereitschaft zu Versöhnung und Liebe, gegenseitige Achtung und Hilfe, Freiheit der Kinder Gottes. Aber gerade dieser Widerspruch zwischen Evangelium und Gefängniswirklichkeit macht die Wahrnehmung des kirchlichen Auftrages im Gefängnis dringlich. Sie kann auch als eine Bewährungsprobe für den Theologen, für die Festigkeit seines Glaubens und die Qualität seiner Verkündigung verstanden werden. Der Seelsorger im Gefängnis lebt dichter bei seiner Gemeinde, er sieht sie nicht nur am Sonntag, und seine Gemeinde sieht und kennt ihn und hat ein untrügliches Gespür dafür, ob er »echt« ist oder nicht. Sie nimmt ihn beim Wort, aber sie greift auch nach ihm, angriffslustig und verzweifelt. Er wird nach Hilfe suchen und sie vielleicht in fachlicher Weiterbildung finden. Konfrontiert mit vielen menschlich ausweglosen Situationen, kann der Seelsorger aber auch in die Lage kommen, selber der Seelsorge zu bedürfen. Es ist wichtig, daß er dem Sog zur Isolierung widersteht und den Weg in die Gemeinschaft sucht. Um andere in der Tiefe des Lebens begleiten zu können, braucht er selber Geleit und den Mut zum Risiko des Glaubens.

3. Straffälligenhilfe oder: Von der Begleitung des Gefangenen in die Freiheit

Von der Mitverantwortung der Allgemeinheit für das Gelingen der Resozialisierung ist viel die Rede (auch in dieser Schrift). Voraussetzung dafür, daß »die Allgemeinheit« dieser ihrer Verantwortung gemäß handelt, sind jedoch mindestens drei Dinge:

- sie muß von der Notwendigkeit und den Chancen ihres Engagements überzeugt sein, die Risiken kennen, also umfassend und sachlich informiert werden;
- sie muß sich geeignete Organisationen schaffen, um handlungsfähig zu werden und auf Dauer zu bleiben;
- diese Organisationen müssen einen Handlungsraum erhalten, der ihnen Selbständigkeit und Gewicht neben jenen Organisationen des Staates verleiht, die auf andere Weise am selben Ziel arbeiten.

Straffälligenhilfe, die von freien Verbänden der Gesellschaft geleistet wird, kann also nicht als Konkurrenz oder als Opposition der staatlichen Institutionen (Gerichtshilfe, Sozialdienst der Vollzugsanstalten, Bewährungshilfe) verstanden werden.

Straffälligenhelfer können sich nicht als Handlanger oder Lückenbüßer verstehen (und verschleißen) lassen; sie wollen und müssen Partner der Justiz sein. Nur eine gute Zusammenarbeit kann Erfolge in der Resozialisierung bringen, deren Rahmenbedingungen (vgl. Seite 49 ff.) schwierig genug sind. Im Unterschied zu den staatlichen Institutionen kann die Straffälligenhilfe auch mit größerer Flexibilität und Freiheit Experimente wagen. Die Notwendigkeit solcher – natürlich verantwortungsbewußter – Experimente ist durch die gesamte Geschichte der Sozialarbeit belegt: Fortschritt ohne Wagnis gibt es nicht. Die in anderem Zusammenhang schon erwähnte Zurückdrängung der Freiheitsstrafe ist ein – noch laufendes – Experiment der Strafrechtspflege, dessen endgültiges Gelingen ohne einen Beitrag der Straffälligenhilfe schwer vorstellbar ist. Man sollte dieses Experiment noch weiter ausdehnen, dabei jedoch der (staatlichen) Bewährungshilfe und der (durch die Gesellschaft getragenen) Straffälligenhilfe in guter Abstimmung die finanziellen Mittel zur Verfügung stellen. Nur so wäre am Ende ein solider Vergleich beider Formen von Reaktion auf menschliches Fehlverhalten möglich. Nur so wäre zu belegen, daß Humanität und Vertrauensvorschuß nichts nutzlos Verschwendetes, sondern ein gut angelegtes Kapital sind.

Kriminologische Untersuchungen zeigen, welche Faktoren die Integration von Strafgefangenen fördern und welche sie behindern bzw. ganz in Frage stellen:

- Arbeitslosigkeit,
- verfügbarer Geldbetrag unter 500,– DM monatlich,
- Schuldenbelastung über 5 000, – DM,
- Tilgung, Stundung oder Schuldenerlaß noch nicht geregelt,
- Drogen und Alkoholmißbrauch,
- keine feste Partnerbeziehung,
- Beurteilung des Sozialverhaltens als unselbständig,
- schlechter Ruf infolge einer Vorstrafe.

Hieraus ergeben sich die Aufgaben der Straffälligenhilfe.

In der gegenwärtigen Zeit hoher Arbeitslosigkeit gilt es, den sogenannten »zweiten Arbeitsmarkt« mit neuen Arbeits- und Beschäftigungsprojekten auch für straffällige Mitbürger auszubauen. Die evangelische Diakonie bietet zum Beispiel in eigenen örtlichen Projekten arbeitslosen Haftentlassenen versicherungspflichtige Beschäftigung und gleichzeitige Betreuung am Arbeitsplatz an. Hierauf haben die Haftentlassenen in der Regel einen Rechtsanspruch gegenüber dem Sozialhilfeträger, der sich aus dem Bundessozialhilfegesetz herleitet.

Dazu ein Beispiel: In *Aachen* hat der Verein Wabe e. V. im Rahmen seiner Hilfen für diesen Personenkreis ein abgestuftes System an Arbeitsprojekten entwickelt, das dem unterschiedlichen Leistungsgrad Haftentlassener Rechnung trägt. Dadurch ist es möglich, einerseits weitere Arbeitsplätze für stark leistungsgeminderte Arbeitnehmer anzubieten, andererseits kann je nach Entwicklung des einzelnen eine Anpassung von Qualifikation und Arbeitsplatz erfolgen, bis hin zur Vermittlung auf den freien Arbeitsmarkt. Die Minderleistung der Arbeitnehmer muß durch öffentliche Zuschüsse kompensiert werden.

Eine wichtige Aufgabe ist es, Verbundsysteme der Entschuldungshilfe für Strafentlassene aufzubauen. Dazu drei Beispiele:

Im Bereich des Diakonischen Werkes von *Westfalen* haben sich im

Rahmen der offenen Sozialarbeit spezielle Schuldnerberatungsdienste entwickelt, bei denen gut ausgebildete Mitarbeiter unter Zuhilfenahme eines eigenen Fonds vorrangig im Wege des außergerichtlichen Vergleichs mit den Gläubigern Schuldentilgung für Straffällige durchführen und damit eine materielle Basis für die Stabilisierung der Persönlichkeit herstellen.

In Zusammenarbeit zwischen der Diakonischen Akademie in Stuttgart und dem Justizministerium des Landes *Baden-Würtemberg* wurden in einem 4-wöchigen Kurs Mitarbeiter aus allen baden-württembergischen Justizvollzugsanstalten in Schuldnerberatung ausgebildet, um die Problematik der Überschuldung von Gefangenen frühzeitig (also bereits in der Justizvollzugsanstalt) und umfassend (unter Einbeziehung externer Fachstellen) anzugehen. Dadurch wurden die notwendige Fachlichkeit einerseits sowie die gebotene Kooperation andererseits (auch über die Entlassung hinaus) sichergestellt.

In *Niedersachsen* wurde bereits 1979 eine Stiftung (»Resozialisierungsfonds beim Niedersächsischen Minister der Justiz«) eingerichtet, in der staatliche Strafrechtspflege und Straffälligenhilfe-Organisationen der Gesellschaft mit dem Ziel zusammenarbeiten, »förderungswürdigen Strafentlassenen« einen Neuanfang in wirtschaftlich geordneten Verhältnissen zu ermöglichen. Von 1980 bis 1988 wurde in mehr als 400 Fällen Hilfe bei der Schuldenregulierung geleistet, und an die 2000 Gläubiger wurden auf diese Weise wenigstens teilweise befriedigt.

Entschuldungsfonds gibt es außer in den genannten Bundesländern auch in Berlin, Hessen, Hamburg, Schleswig-Holstein und Rheinland-Pfalz. Ein weiterer Ausbau dieses Systems ist dringend erforderlich. Beratung sollte möglichst früh beginnen. Allerdings wird auch in diesem speziellen Problembereich deutlich, wie untrennbar die einzelnen Komponenten des Resozialisierungsvorgangs zusammenhängen: der gute Wille des Gefangenen ist ebenso erforderlich wie ein wenn auch begrenztes Vermögen, dem guten Willen entsprechend zu handeln. Wer in der Haft keinen Arbeitslohn und nach der Haft keine Arbeitsstelle erhält, dem braucht man mit Entschuldungs-Ideen nicht zu kommen.

Im übrigen ließen sich die Fragen der Entschuldung besser lösen, wenn die Gefangenen möglichst heimatnah untergebracht wären. Die

Mitarbeiter der Straffälligenhilfe könnten dann persönliche Kontakte zu den Behörden und Institutionen (Sozialamt, Wohnungsamt, Arbeitsamt) aufnehmen. Heimatnahe Unterbringung bedeutet, daß der Strafvollzug stärker als bisher regionalisiert werden muß. Die in der jüngsten Zeit erkennbare Tendenz, bei zurückgehender Gefangenenzahl kleinere Anstalten (Außenstellen) allein aus Kostengründen zu schließen, steht mit dieser Forderung im Widerspruch.

Doch Entschuldung, Arbeitsplatz, Integration in die Sozialversicherung sind nicht alles. Strafentlassene brauchen Menschen, brauchen feste Bindungen zu einzelnen oder Gruppen. Sie brauchen das offene Gespräch über ihre Probleme – ohne die Furcht, daß nach den ersten Worten sich eine Barriere des Mißtrauens zwischen sie und den Partner schiebt. Sie brauchen Verständnis für ihre Schwäche und nicht neue Vorwürfe wegen früheren Scheiterns. Sie brauchen jemanden, der sie stützt und ihnen die Möglichkeit gibt, in selbständigem Handeln Erfahrungen zu sammeln, aus Fehlern und Erfolgen zu lernen. Strafentlassene brauchen, alles in allem, Mut zum Leben, Hoffnung für die Zukunft.

Manchem Entlassenen kann die Familie bei alledem helfen – vielen nicht. Für sie könnten Übergangsheime, sozialtherapeutische Wohngemeinschaften und vergleichbare Einrichtungen ähnliche Funktionen übernehmen – wenn es sie in ausreichendem Umfang gäbe. Eine norddeutsche Arbeitsgemeinschaft hat solche neuen Formen der Straffälligenhilfe, in der Leben, Arbeit und Bildung als Zusammenhang gesehen werden, mit Erfolg erprobt. Alles spricht für einen Ausbau! Das gilt übrigens gleichermaßen für die zentralen Anlauf- und Beratungsstellen, die von verschiedenen Trägern gemeinsam geführt werden und die »Hilfe zur Selbsthilfe« vermitteln.

Alle »freie«, nicht dem Justizbereich zugeordnete Straffälligenhilfe sollte drei Grundsätze beachten,

1. den Grundsatz der *Freiwilligkeit:* Die aus der Strafhaft oder zur Bewährung Entlassenen nehmen das Angebot der Beratungsstellen etc. freiwillig an. Ohne die Mitarbeit der Betroffenen funktioniert diese Art von Hilfe nicht, aber sie kann nicht erzwungen oder durch irgendeine Art von Nötigung herbeigeführt werden. Überzeugung ist durch nichts zu ersetzen.
2. den Grundsatz der *Ganzheitlichkeit:* An dem Kriminalisierungs-

prozeß, den der Straffällige durchlaufen hat, ist auch sein gesamtes soziales Umfeld (Familie, Verwandte, Bekannte, Institutionen) beteiligt. Diese Beratung und Betreuung darf sich demnach nicht auf einzelne Bereiche des Lebenszusammenhangs des Entlassenen beschränken.

3. den Grundsatz der *Beständigkeit:* Im Unterschied zur Arbeit herkömmlicher Fachdienste sollten die Beratungsstellen der Straffälligenhilfe so organisiert werden, daß, wenn irgend möglich, ein Berater für einen Entlassenen »da ist«. Eine persönliche Beziehung während der gesamten Dauer des Hilfe-Prozesses ist anzustreben.

Die gegenwärtige Straffälligenhilfe leidet (wie Seite 49 ff. ausgeführt) u. a. an der Zersplitterung ihrer Kräfte. Deshalb ist eine zielgerichtete Diskussion über die Abgrenzung der verschiedenen Angebote dringend erforderlich. Die Arbeit ist so zu entwickeln, daß Überschneidungen und Doppelbetreuungen vermieden werden. Justizministerium, Sozialministerium, die Träger freier Wohlfahrtspflege, Straffälligenhilfegruppen und Kirchengemeinden müssen in die Lage versetzt werden, sinnvoll zusammenzuarbeiten. Spielräume für die Entwicklung neuer Ideen und Wege müssen offen bleiben.

Dabei ist auch das brachliegende Potential ehrenamtlicher Mitarbeit in Zukunft besser zu nutzen. Erfahrungen zeigen, daß trotz des nachlassenden öffentlichen Interesses am Strafvollzug und an den Fragen der Resozialisierung Einzelpersonen und Gruppen durchaus bereit sind sich einzusetzen, wenn sie gezielt und in geeigneter Weise angesprochen werden – z. B. Handwerker, Betriebsleiter, Betriebs- und Personalräte sowie Gewerkschafter, wenn es um die Vermittlung von Arbeitsplätzen geht. Auch Persönlichkeiten des öffentlichen Lebens können für ein Engagement in der Straffälligenhilfe gewonnen werden.

An dieser Stelle ist noch einmal und grundsätzlich zu wiederholen, was schon im Zusammenhang mit der »Entschuldung« gesagt wurde: Gefangene sollten möglichst nahe ihrer Heimat untergebracht werden, denn das erleichtert naturgemäß alle Vorgänge im Rahmen der Straffälligenhilfe.

Bei gutem Willen müßte es auch möglich sein, bestimmte Finanzierungsprobleme zu überwinden, die sich aus den strengen Zuständigkeitsregeln im Haushaltsrecht ergeben. Sie führen gelegentlich dazu, daß aus gut durchdachten Gesamtprojekten einzelne Teile herausgebrochen werden müssen, weil die zuständigen Behörden dafür die Finanzmittel verweigern. Die Träger solcher »integrativer« Projekte sehen das natürlich meistens als einen Versuch staatlicher Stellen an, auf ihre Arbeit Einfluß zu nehmen. Vielleicht liegt es jedoch »nur« an Verwaltungsrichtlinien. Sie wären so zu gestalten, daß sie den neuen Erkenntnissen der Sozialarbeit und entsprechenden Projekten nicht mehr im Wege stehen. Einem ganzheitlichen Menschenbild entsprechen ganzheitlich orientierte Projekte, durchgeführt mit möglichst wenig Bürokratie!

Eine »ganzheitliche Konzeption« der Straffälligenhilfe entspricht auch dem christlichen Menschenbild am besten. Religiöse, psychologische und soziale Maßnahmen sollten nicht voneinander getrennt, sondern verbunden sein. An den Gesetzgeber wird appelliert, die dafür erforderlichen Voraussetzungen zu schaffen. Der Mensch, um den man sich »umfassend« kümmert, und das heißt: um den man in seiner Not Kummer empfindet, um den man sich teilnehmend sorgt, wird am ehesten bereit sein, die übrige Gesellschaft nicht aus der Perspektive der Verstocktheit und Verbitterung zu betrachten, sondern aus der Perspektive der Hoffnung.

4. Was überdacht und geändert werden muß

Hergebrachte Gewißheiten in fragwürdiger Umgebung

Wir strafen den einzelnen mit dem Entzug seiner Freiheit, um allen deutlich zu machen, daß die Rechtsordnung unverbrüchlich sein soll. Wir erhoffen uns ferner, daß ein solcher Einzelakt eine allgemein abschreckende Wirkung auf Menschen ausübt, die in die Situation kommen und geneigt sein könnten, ebenfalls Straftaten zu begehen. In der rechtspolitischen Diskussion der letzten Jahre schließlich trifft man immer wieder auf das Argumentationsmuster, daß das Maß an Abschreckung mit der Höhe der angedrohten Strafe steige.

Doch diese hergebrachten Gewißheiten sind fragwürdiger geworden, als sie es immer schon waren. Wer innerlich akzeptieren sollte, daß gerade an ihm die »Unverbrüchlichkeit der Rechtsordnung« demonstriert zu werden hat, müßte in einer Gemeinschaft leben, die über ein sicheres Bewußtsein von Recht und Unrecht verfügte. Er müßte wissen, daß Verstöße gegen das Recht nicht als selbstverständlich hingenommen werden. Er müßte es erleben und erlebt haben, daß Menschen, die gegen die Gesetze verstoßen haben, bereit sind, sich im Strafverfahren zu verantworten. Er müßte glauben können, daß der Richter bei aller Strenge bereit ist, sich in ihn und seinen Fall hineinzudenken, daß er im Richter einen Menschen und nicht nur einen Gesetzesanwender vor sich haben wird.

Stattdessen aber erlebt der Angeklagte heute einen Richter, der – in der Regel – auf Distanz zu ihm hält. Überlastet von der Vielzahl der Verfahren, genervt von Verteidigern, die den Verfahrensablauf auf viele Weise zu verlängern wissen, enttäuscht von Angeklagten, die von ihrem Schweigerecht Gebrauch machen, konzentrieren sich viele Richter auf eine »saubere und zügige«, fehlerfreie Verhandlung und auf ein Urteil, das eventuellen Rechtsmitteln standhält. Vom Strafvollzug haben Richter meist nur vage Vorstellungen. Was alles den Verurteilten nach der Hauptverhandlung erwartet, kümmert nur wenige Richter. Wenn sie das Ritual der Hauptverhandlung unter sorgfältiger Beachtung der formalen Rechte des Angeklagten hinter sich gebracht haben, ist für sie der Fall meistens abgeschlossen.

In Anbetracht der Vorwürfe, die man den Richtern vor noch nicht langer Zeit wegen ihrer schichtenspezifischen Vorprägung und daraus resultierenden »Klassenjustiz« machte, werden sie es sicherlich als Verdienst ansehen, wenn sie heute unbeeindruckt von Stand und Ansehen eines Beschuldigten Recht sprechen. Doch formale Gleichbehandlung muß nicht schon zu einem gerechten Verhalten und zu einem guten, akzeptierten Ergebnis führen. Ein Beschuldigter sollte sich verstanden fühlen, und er sollte wirklich verstehen, was im Prozeß vor sich geht. Er sollte fühlen und begreifen, daß es um ihn und sein Schicksal geht – und daß er nicht bloß ein Gegenstand ist, über den in einer abstrakten, ihm wenig verständlichen Sprache rechtliche Ausführungen gemacht werden. Vor allem junge Angeklagte werden in der Hauptverhandlung oft das Gefühl nicht los, lediglich »Objekt« zu sein. Sie haben große Hemmungen, sich zu Wort zu melden, weil ihnen die Sprache der anderen – des Richters, des Staatsanwalts und auch ihres Anwalts – nicht vertraut ist. Ihre innere Erregung kann sich nicht in Worte entladen. Sie müssen Formen wahren und begreifen nur eins: daß sie nicht dazugehören. Die andern haben keine Zeit, so lange zu warten, bis sie vielleicht einen Gedanken richtig herausgebracht hätten.

Viele Richter scheinen sich nicht hinreichend klar zu machen, daß das objektivierende Verfahren, das sie auch im Interesse des Angeklagten anwenden müssen, aus der Sicht eben dieses Angeklagten wie ein einschüchternder Mechanismus wirkt. Wenig wird vom Menschen geredet, hauptsächlich von der Straftat. Schuld muß nachgewiesen und in Worte gefaßt werden, was dazu führt, daß die Person des Angeklagten lediglich von ihrer negativen Seite beleuchtet wird. Er, der Angeklagte, würde sich mit dem bloßen Strafmaß ja noch abfinden, hat vielleicht auch innerlich schon damit gerechnet. Aber nun wird ihm im Urteil in verletzenden Worten vorgehalten, welch ein schlechter, haltloser Mensch er sei.

Die richtige – der Schuldschwere, dem Täter und den Wertüberzeugungen der Gesellschaft angemessene – Strafe zu finden, das soll im Idealfall ein »schöpferischer Akt« sein. Aber wie oft sind unsere Richter im juristischen Alltagsgetriebe zu solchen überzeugenden Leistungen fähig? Und wenn sie wirklich alles bedenken, was Rechtstheorie und Rechtsphilosophie zu bedenken anheimgeben: können sie sich vorstellen, was es wirklich für den Angeklagten bedeutet, einen Monat mehr – oder einen Monat weniger in der Haftanstalt zu verbringen? Und was dieser eine Monat vielleicht für Frau und Kinder bedeutet? Es wirkt liberal, menschlich und vernünftig, bei der Zumessung der Strafe eine bisher straffreie Lebensführung strafmildernd zu berücksichtigen. Es mag ebenso sachgemäß sein, bei der Bemessung der Strafe darauf Rücksicht zu nehmen, daß familiäre Bindungen und der Arbeitsplatz nicht mehr als unumgänglich gefährdet werden.

Man könnte aber auch umgekehrt fragen, ob nicht gerade der Vorbestrafte, der Mensch ohne Anhang, Vermögen und Arbeitsplatz besondere Rücksicht und Milde verdient hätte. Ist die übliche Strafzumessungspraxis am Ende nichts anderes als die Fortsetzung des Leistungsprinzips mit anderen Mitteln? Und ist das gut so?

Eine geringere Freiheitsstrafe tut es auch

In welchem Umfang die mit der Auferlegung einer Strafe verfolgten Ziele überhaupt erreicht werden, entzieht sich dem exakten Nachweis. Eines allerdings ist ziemlich sicher: Es steht nicht im Widerspruch zu diesen Zielen, Freiheitsstrafen seltener zu verhängen und sie öfter zur Bewährung auszusetzen. Auch kürzere Freiheitsstrafen können, wie Erfahrungen in anderen Staaten lehren, denselben Effekt haben wie längere Freiheitsstrafen. Im europäischen Vergleich liegt die »Haftquote« der Bundesrepublik Deutschland trotz einer gewissen Angleichung immer noch hoch, was seinen Grund weniger in der Gesamtzahl der Inhaftierten als in der Länge des Freiheitsentzuges im einzelnen Fall hat. Diese Tatsachen erlauben es uns, auf dem Wege der Einschränkung der Freiheitsstrafe mit Bedacht weiterzugehen.

Das gleiche gilt, wenn man die Sache unter dem Aspekt der »Spezialprävention« betrachtet, also von der Wirkung her, die die Freiheitsstrafe auf den einzelnen ausübt. Werden Strafen zur Bewährung ausgesetzt, steigt die Rückfälligkeit nicht. Deshalb ist eine Verlagerung von der Freiheitsstrafe zur »ambulanten Maßnahme« vertretbar und angezeigt. Dabei ist auch im Auge zu behalten, daß der Freiheitsentzug nicht nur den einzelnen Verurteilten trifft, sondern in der Regel auch seine Familie. Es gibt keinerlei Hinweise darauf, daß kürzere Freiheitsstrafen schlechtere Resozialisierungserfolge haben als längere. So sollten die Staatsanwaltschaften als Anklagebehörden in der Hauptverhandlung weniger oft, und in den verbleibenden Fällen eine kürzere, Freiheitsstrafe beantragen. Als Vollstreckungsbehörden sollten die Staatsanwaltschaften mehr noch als bisher darauf hinwirken, daß Ersatzfreiheitsstrafen nicht vollstreckt, sondern durch andere Maßnahmen – z. B. gemeinnützige Arbeit – ersetzt werden. Die Staatsanwaltschaften – wieder als Vollstreckungsbehörden – und die Justizvollzugsanstalten sollten in ihren Stellungnahmen zur Frage der vorzeitigen Entlassung von Strafgefangenen dafür eintreten, daß die gesetzlichen Möglichkeiten mehr als bisher ausgeschöpft werden.

Die Praxis der Staatsanwaltschaften und der Justizvollzugsanstalten ist freilich nicht leicht zu beeinflussen. Die Höhe des Strafantrags in der Hauptverhandlung, die Stellungnahmen des Staatsanwalts und des Vollzugsleiters zur Entlassung auf Bewährung: alles ist abhängig davon, wie diese Personen die Wirkung einer Freiheitsstrafe persönlich einschätzen. Noch immer setzen Staatsanwälte und Vollzugspraktiker zu hohe Erwartungen in die kriminalitätsmindernde Wirkung einer Freiheitsstrafe. Hier sind Lernprozesse in Gang zu setzen.

Kein Gefangener darf abgeschrieben werden

Auch wenn es gelingt, die Verhängung und Vollstreckung von Freiheitsstrafen zurückzudrängen: ganz ohne sie werden wir in überschaubarer Zeit nicht auskommen können. Manche Verfechter ambulanter Maßnahmen nehmen dies resignierend zur Kenntnis und meinen, dem verbleibenden Rest von Verurteilten, der in den Strafvollzug gelange, sei leider bei den gegenwärtigen Verhältnissen nicht zu helfen. Der Rückfall sei programmiert, zumal der Entzug der Freiheit die Resozialisierungschancen mindere. Diese Haltung kann nicht hingenommen werden. Sie beruht auch auf unrichtigen Annahmen.

Statistisch gesehen werden zwar mehr als die Hälfte der aus dem Strafvollzug entlassenen Personen innerhalb von fünf Jahren wieder rechtskräftig wegen einer Straftat verurteilt. In vielen Fällen handelt es sich dabei aber um geringfügige Straftaten, die insgesamt ein

Nachlassen der kriminellen Aktivität anzeigen. Der Ausstieg aus der »kriminellen Karriere«, für die die Verurteilung zu Freiheitsstrafe häufig den Höhepunkt einer längeren Entwicklung darstellt, erfolgt meistens nicht abrupt, sondern langsam.

Auch bei den Personen, die nach verbüßter Freiheitsstrafe einmal oder wiederholt wegen erheblicher Taten erneut zu Freiheitsstrafen verurteilt werden, die sie verbüßen müssen, zeigen langfristige Beobachtungen, daß im dritten oder vierten Lebensjahrzehnt die kriminelle Aktivität nachläßt oder endet. Schon diese Beobachtung macht deutlich, daß Rückfälligkeit nicht nur statisch (Rückfälligkeit fünf Jahre nach der Entlassung), sondern auch dynamisch (Entwicklung einer »kriminellen Karriere«) betrachtet werden muß. Auch wiederholter Rückfall ist kein endgültiges Urteil über die kriminelle Laufbahn. Es lohnt sich auch bei wiederholt Rückfälligen, Behandlungsangebote zu machen und Chancen wahrzunehmen.

Wer eine schwere Strafe erleidet, verdient besondere Beachtung

Nach dem Strafgesetzbuch bestimmen die Schwere des Verbrechens und die Höhe der Schuld die Dauer der Freiheitsstrafe. Eine unterschiedliche Gestaltung des Vollzugs läßt sich aus der Schwere der Tatschuld nicht herleiten. Es wird für die Eingliederung in die Gesellschaft wichtig sein und auch dem Bedürfnis Verurteilter entsprechen, daß sie sich mit der Schuld auseinandersetzen, die sie durch die Straftat und ihre Lebensführung auf sich geladen haben. Wenn sie Verständnis für die Leiden der von ihnen geschädigten Personen empfinden und Wege suchen, um mit der von ihnen verletzten Gesellschaft und mit sich selbst wieder ins Reine zu kommen, dient das ebenfalls ihnen wie der Gemeinschaft. Es gehört zu den Aufgaben der Bediensteten des Strafvollzugs, den Insassen auch auf diesem Weg beizustehen.

Indessen wäre es ein folgenschwerer Irrtum anzunehmen, diese Entwicklung könne durch einschränkende oder belastende Vollzugsmaßnahmen eingeleitet oder unterstützt werden – ganz abgesehen davon, daß es sich der Beobachtung weitgehend entzieht, ob ein Gefangener sich dem Problem eigener Schuld und deren Verarbeitung stellt. Mancher Gefangene weicht der Schuldverarbeitung auch deshalb aus, weil er innerlich für diese Aufgabe noch nicht gerüstet ist. Auch das kann ein Außenstehender kaum beurteilen.

Selbst dem zu lebenslanger Freiheitsstrafe Verurteilten muß nach der Rechtsprechung des Bundesverfassungsgerichtes »grundsätzlich eine Chance verbleiben«, seine Freiheit wiedererlangen zu können. Ihm muß »folgerichtig auch ein Anspruch auf Resozialisierung zustehen, mag für ihn auch erst nach langer Strafverbüßung die Aussicht bestehen, sich auf das Leben in Freiheit einrichten zu müssen«.

Wie das Bundesverfassungsgericht in diesem Zusammenhang feststellt, bezieht das Strafvollzugsgesetz infolgedessen auch den Vollzug der lebenslangen Freiheitsstrafe ohne Einschränkung in das Resozialisierungskonzept ein.

Die Vollzugsreform ist konsequent zu Ende zu führen

Wenn man den Strafvollzug »spezialpräventiv«, also auf den einzelnen ausrichtet, ergibt sich ein Problem: alle Lockerungen, die zugleich überwiegend als Erleichterungen empfunden werden, kommen dem als weniger gefährlich eingestuften Gefangenen zugute.

Wer hingegen als gefährlich gilt, dem werden alle Lockerungen und Erleichterungen versagt, die die Sicherheit der Unterbringung gefährden könnten. Dies entspricht – jedenfalls vordergründig – den Regelungen des Strafvollzugsgesetzes. Gefährlichkeit ist jedoch in der Regel nicht verschuldet; häufig beruht sie auf schicksalhaften Behinderungen der Sozialisation. Ein Strafvollzug, der die Lebensführung des »Gefährlichen« deshalb extrem einschränkt und die des »Ungefährlichen« nur gering belastet, erscheint ungerecht und entspricht nicht dem Sozialstaatsprinzip. Konsequenz muß sein, gerade dem für Vollzugslockerungen noch nicht geeigneten »Gefährlichen« viele Hilfs- und Beratungsmöglichkeiten anzubieten. Daneben sind die Lebensverhältnisse im geschlossenen Vollzug ganz allgemein zu verbessern. Wesentlich erscheint es, den Gefangenen, die weder Urlaub noch Ausgang erhalten, mehr Kontakte mit Bezugspersonen zu ermöglichen. Für sie ist eine besondere »familienfreundliche« Besuchsgestaltung vorzusehen, wie sie zum Beispiel in der Vollzugsanstalt Bruchsal schon praktiziert wird. Der Gefangene kann sich regelmäßig mit seiner Familie einen ganzen Tag lang in freundlich eingerichteten und mit einer Küche versehenen abgeschlossenen Räumen allein treffen. Die bisherigen Erfahrungen sind außerordentlich positiv.

Vor allem im geschlossenen Vollzug ist die Unterbringung der Gefangenen in Wohngruppen anzustreben. Die mit abgetrennten Naßzellen versehenen Einzelhafträume der Gefangenen sollten möglichst nur zur Nachtzeit verschlossen sein; während der übrigen Freizeit sollten die Gefangenen die Möglichkeit haben zu entscheiden, ob sie sich in ihrem Haftraum oder in den Gruppenräumen aufhalten wollen. Wären Duschräume, Teeküchen, Waschmaschinen etc. in der Wohngruppe, so könnten die Gefangenen auch im geschlossenen Vollzug mehr Spielraum für eigene Entscheidungen erhalten. Es müßte wesentlich weniger als bisher reglementiert werden, und die infantilisierende Totalversorgung sollte aufgelockert werden.

Schließlich müssen Vollzugslockerungen und offener Vollzug so ausgestaltet werden (vor allem mit Hilfs- und Beratungsangeboten), daß sie zunehmend auch von stärker gefährdeten Gefangenen genutzt werden können. Diesen wäre öfter als bisher ein Ausgang oder eine Art von organisiertem Urlaub zu gewähren, einzeln oder in Gruppen. Von Bediensteten begleitet, könnten diese Gefangenen beispielsweise eine kirchliche Bildungsstätte aufsuchen, in der sie Gelegenheit zur Begegnung mit verschiedenen Gruppen aus der Bevölkerung und zu gemeinsamen Aktivitäten hätten.

Wie sich der Gefangene im Rahmen von Vollzugslockerungen und Urlaub verhält, das hat auch einen Erkenntniswert für jene Richter, die eines Tages über seine vorzeitige Entlassung aus der Strafhaft entscheiden müssen. Sie können eine Reststrafe nur dann zur Bewährung aussetzen, wenn sie die Überzeugung gewinnen, der Gefangene werde – wie es im Gesetz heißt – »außerhalb des Strafvollzugs keine Straftaten mehr begehen«. Deshalb sind Vollzugslockerungen und Urlaub auch zu dem Zweck der Erprobung des »Ernstfalls« frühzeitig zu gewähren.

In Anstalten oder Abteilungen des offenen Vollzugs wird heute oft an Personal gespart. Vor allem die Fachdienste – Sozialarbeiter, Psychologen – sind davon betroffen. Eine solche Tendenz führt zwangsläufig dazu, daß der offene Vollzug nur noch denen zugute kommt, die als weitgehend sozialisiert gelten und die im Grunde keine Schwierigkeiten mit dem Leben in Freiheit haben. Der offene Vollzug sollte aber insbesondere auch für diejenigen da sein, die noch Probleme haben und die Hilfe brauchen – welche nur von Fachkräften gegeben werden kann.

Im übrigen sollten Probleme an der Arbeitsstelle, im Freizeitbereich, im Umgang mit Alkohol nicht nur repressiv beantwortet (vor allem mit der Rückverlegung in den geschlossenen Vollzug), sondern vollzugspädagogisch und therapeutisch angegangen werden. Erfolgt eine solche, am Vollzugsziel orientierte Verbesserung des offenen Vollzugs, so können (und müssen!) die Plätze im offenen Vollzug bei gleichzeitiger Einschränkung des geschlossenen Vollzugs vermehrt werden. Auf diese Weise können die Gestaltungsgrundsätze des Vollzugsgesetzes besser verwirklicht werden: »Das Leben im Vollzug soll den allgemeinen Lebensverhältnissen soweit als möglich angeglichen werden. Schädlichen Folgen des Freiheitsentzugs ist entgegenzuwirken.«

Diese Fortführung der Strafvollzugsreform ist weniger von einer Novellierung des Gesetzes als von der Einrichtung zusätzlicher Personalstellen und der Zuweisung der erforderlichen Haushaltmittel abhängig.

Schließlich ist es geboten, die Gefangenen so schnell wie möglich voll in das System der sozialen Sicherung, also auch in die Krankenversicherung und in die Rentenversicherung, einzubeziehen. Die vorgeschriebene Beratung »über die Aufrechterhaltung einer Sozialversicherung« läuft leer. Sozialarbeiter berichten, daß ihnen in langjähriger Tätigkeit nur wenige Einzelfälle begegnet sind, in denen Gefangene sich freiwillig versichert haben. Tatsächlich ist diese Beratung eine Überforderung und eine Zumutung. Der Grundsatz der Pflichtversicherung geht davon aus, daß die Mehrheit der freien Bürger bis in die mittleren Einkommensklassen hinein nicht in der Lage ist, ihre soziale Sicherung durch freiwillige Leistungen zu gewährleisten. Wie kann man dann von einem Gefangenen erwarten, daß er von seinen geringen Einkünften Beträge für die freiwillige Versicherung abzweigt?

Der Zielkonflikt zwischen Gewährleistung der Sicherheit und Resozialisierung muß entschärft werden

Natürlich ist es auch Aufgabe des Vollzugs der Freiheitsstrafe, die Allgemeinheit vor Straftaten jener Personen zu schützen, die sich gerade im Vollzug befinden. Dies geschieht durch »sichere Verwahrung«: der Gefangene wird in der Vollzugsanstalt festgehalten. Noch wichtiger aber ist, daß der Mensch, der jetzt gefangen ist, dann, wenn er über kurz oder lang wieder in die Freiheit entlassen wird, fähig und willig ist, »in sozialer Verantwortung ein Leben ohne Straftaten zu führen« (Paragraph 2 des Strafvollzugsgesetzes).

Oft verlangen diese beiden Aufgaben ein unterschiedliches Vorgehen: Am sichersten verwahrt ist der Gefangene in einem übersichtlich gestalteten Haftraum, in dem ihm nur wenige eigene Sachen überlassen sind. Aber unter solchen Umständen erhält er auch nur geringe Hilfe und hat kaum Möglichkeiten, etwaige Defizite seiner Entwicklung zu verringern – mögen sie im Bereich der schulischen oder beruflichen Ausbildung, der Bewältigung der tagtäglichen Lebensanforderungen oder im Umgang mit anderen liegen. Die für den Strafvollzug Verantwortlichen müssen sich bei jeder derartigen Abwägung daran erinnern, daß das Ziel der Wiedereingliederung Vorrang hat und daß das Leben in der Strafanstalt dem Leben in der Freiheit soweit als möglich angeglichen werden soll.

Pannen auf dem Gebiet der Sicherheit werden von den Medien stark herausgestellt und finden auch politische Aufmerksamkeit; sie haben meist disziplinarische und organisatorische Folgen. Das verständliche Bestreben, sie zu verhindern, geht oft zu Lasten des Resozialisierungsprogramms. Die verstärkte Sicherheitstechnologie und die Einteilung von mehr Vollzugsbediensteten zu bloßen Überwachungsfunktionen kann aber die Sicherheit kaum noch erhöhen. Technische Einrichtungen lassen sich durch kluges Nachdenken überwinden. Wo zu viel Sicherheitspersonal ist, verläßt sich der eine auf den anderen. Ein gutes Anstaltsklima und ein ausreichendes Angebot von Behandlungs- und Freizeitmaßnahmen tragen dagegen erheblich zur Sicherung bei.

Dieser Gedanke findet in der öffentlichen Diskussion bisher nicht genügende Beachtung. Hier ist mit Nachdruck eine ausgewogene

Vollzugspolitik zu fordern. Es scheint, als stünde einer solchen Entwicklung auch die Sorge der politisch verantwortlichen Justizminister und Justizsenatoren entgegen, wegen des Ausbruchs eines Gefangenen ihr Amt zu verlieren. Selbst seriöse Zeitungen, die sich im allgemeinen kompetent und abgewogen zu Vollzugsfragen äußern, stellen im Lokalteil aufgeregt die Frage nach der Verantwortung und rufen nach Konsequenzen.

Das Thema wird von der jeweiligen Opposition im Landtag begierig aufgegriffen. Die Regierungspartei und der ihr angehörende Minister werden nervös, man reagiert mit punktuellen und die Gesamtstruktur des Vollzugs störenden Weisungen und behindert so die Resozialisierungsarbeit. Alle an diesem unheilvollen Kreislauf beteiligten Institutionen und Personen sind zu besonnenerem und sachlicherem Verhalten aufgerufen.

Die Vollzugsbediensteten benötigen ein klares Vollzugskonzept

Für alle Bediensteten des Vollzugs muß die Auseinandersetzung mit dem einzelnen Gefangenen oder der Gefangenengruppe in der Wohneinheit, der Schulklasse, der Ausbildungs- oder Arbeitsstätte oder Freizeitgruppe im Mittelpunkt der Arbeit stehen. Resozialisierung ist nur im unmittelbaren menschlichen Kontakt zu leisten. Sicher bedarf es auch der Arbeit im Büro. Die technischen Anlagen, die die notwendige Sicherheit gewähren, müssen kontrolliert werden. Dennoch muß viel deutlicher werden, daß der Gefangene Vorrang vor Bürokratie und Technik hat. Dies wirkt sich auch auf die Diensteinteilung und die Zusammenarbeit der Bediensteten untereinander aus: In der Regel sollen Bedienstete einer bestimmten Gruppe von Gefangenen dauerhaft zugeordnet sein, und auch die fachübergreifende Zusammenarbeit der mit dieser Gruppe befaßten Beamten des allgemeinen Vollzugsdienstes und der Fachdienste soll nach der Art eines festen Teams geschehen.

Diese Maßnahmen mindern die subkulturelle Gefährdung der Gefangenen, wirken der Bürokratisierung entgegen, stärken die Selbstverantwortung der Gefangenen und rücken das Resozialisierungsziel in den Mittelpunkt. Zugleich werden so auch manche Schwierigkeiten der Bediensteten behoben. Sie sind nämlich dann mit ihrem Beruf zufrieden, wenn sie am Konzept der Anstalt mitwirken können, wenn die Zielbeschreibung des Strafvollzugs vergleichsweise eindeutig ist und sie die Möglichkeit haben, sich mit dem, was zu tun ist, zu identifizieren.

Die »Dienst- und Sicherheitsvorschriften für den Strafvollzug« stehen einer solchen Entwicklung entgegen und müssen inhaltlich überarbeitet und völlig neu gefaßt werden. In diesen Vorschriften finden sich zahlreiche Bestimmungen aus der »Dienst- und Vollzugsordnung« des Jahres 1961: Manche Regelungen sind nicht mehr zeitgemäß, vor allem aber atmen diese Formulierungen den Geist einer vergangenen Periode. Da der Inhalt der betreffenden Regelungen aber große Bedeutung für die tägliche praktische Arbeit hat, müssen sie in der Ausbildung gründlich behandelt werden. Sie beeinflussen deshalb in einer sehr unerwünschten Weise die Arbeit und den Sprachgebrauch der Praxis.

Die besonderen Nachteile inhaftierter Frauen sind zu beseitigen

Es entspricht den allgemeinen Gegebenheiten unserer Gesellschaft, daß Frauen im Gefängnis eine noch weniger qualifizierte Berufsausbildung haben als inhaftierte Männer. Diese Benachteiligung ist durch Verbesserung der Ausbildung (auch durch gemeinsame Ausbildung mit männlichen Gefangenen sowie durch stärkere Nutzung des offenen Vollzugs) zu verringern. Die Ausbildung der Frauen sollte an den heutigen Erkenntnissen und Methoden der Erwachsenenbildung orientiert und nicht auf frauenspezifische Fachgebiete beschränkt sein. Die Vollzugsgestaltung ist im übrigen deutlicher vom Männerstrafvollzug abzuheben: Belange der Sicherheit haben geringeres Gewicht. Da es für die wenigen weiblichen Gefangenen in der Bundesrepublik Deutschland nur wenige Vollzugseinrichtungen gibt, sind die weiblichen Insassen weiter als die Männer von ihren Familien und Bezugspersonen entfernt. Dem muß durch längere Besuchszeiten, angemessene Besuchsräume, ggf. finanzielle Hilfen für die Reise Rechnung getragen werden. Die Entlassungsvorbereitung und auch die Nachbetreuung sind zu intensivieren. Hinzukommen muß eine verstärkte Betreuung im psychischen Bereich. Insoweit muß der Strafvollzug an Frauen insgesamt das Niveau der Sozialtherapeutischen Anstalten erreichen.

Die Nöte der ausländischen Gefangenen bedürfen stärkerer Beachtung

Bei den ausländischen Gefangenen, deren Lebensmittelpunkt die Bundesrepublik Deutschland ist, sollte zu Beginn der Strafverbüßung Einvernehmen mit den Ausländerbehörden darüber hergestellt werden, ob sie nach der Entlassung in Deutschland bleiben dürfen. Dann sollten ihnen die gleichen Hilfen zur Resozialisierung und die gleichen Vollzugslockerungen gewährt werden, wie sie auch die deutschen Gefangenen erhalten, zusätzlich natürlich solche Hilfen (etwa Sprachkurse), die ihnen das Leben in Deutschland erleichtern.

Die ausländischen Gefangenen, die nach der Strafverbüßung abgeschoben werden und deswegen in der Regel weder Vollzugslockerungen erhalten, noch in ein Resozialisierungsprogramm einbezogen werden, müßten zur Kompensation dieser Benachteiligungen nach den Vorschriften der Strafprozeßordnung schon nach Teilverbüßung ihrer Strafe in ihre Heimat verbracht werden. Es erscheint ungerecht, sie einem einerseits belastenderen, andererseits weniger hilfreichen Vollzug für die gleiche Zeitdauer zu unterwerfen wie Deutsche mit demselben Strafmaß bzw. wie Ausländer, die in Deutschland bleiben.

Spezielle Haftanstalten für Ausländer sind abzulehnen, dennoch aber könnte man auf die Bedürfnisse dieser Gefangenen besser eingehen (Dolmetscher, Bücher und Zeitschriften, Sprachkurse und spezielle Fortbildungsprogramme). Die Eßgewohnheiten von Ausländern sollten berücksichtigt, Kontakte zwischen Gefangenen gleicher Nationalität ermöglicht werden.

Der Jugendstrafvollzug muß wieder »Vorreiter« der Entwicklung werden

Die Alternativen zum Freiheitsentzug sind zunächst besonders für junge Menschen entwickelt worden und haben in erfreulichem Umfang die Notwendigkeit verringert, Jugendstrafe zu vollziehen. Dies führt aber dazu, daß in den Jugendstrafanstalten zunehmend nur noch besonders schwierige und gefährdete junge Menschen untergebracht werden. Sie bedürfen einer besonders sorgfältigen Begleitung und Hilfe. Ausbildung und Unterricht, soziales Training und Einübung angemessenen Freizeitverhaltens sind mindestens anfänglich nur in kleinen, ständig begleiteten Gruppen erfolgversprechend. Das Jugendstrafvollzugsgesetz, das auf der Basis der Empfehlungen der Jugendstrafvollzugskommission alsbald erlassen werden sollte, muß dieser Entwicklung Rechnung tragen. Einsparung von Vollzugspersonal bei sinkenden Belegungszahlen wäre eine verhängnisvolle Politik.

Die Untersuchungshaft muß der Unschuldsvermutung und der Hilfsbedürftigkeit der Inhaftierten gleichermaßen gerecht werden

Die zu erlassende gesetzliche Regelung für den Vollzug der Untersuchungshaft sollte vorsehen, daß auch für Untersuchungsgefangene Wohngruppen eingerichtet werden. Die Kontakte mit den Bezugspersonen – soweit dies mit den Zielen der Untersuchungshaft vereinbar ist – sind deutlich zu verbessern. Die besonderen Belastungen, die den Untersuchungsgefangenen im Vergleich mit dem Strafgefangenen treffen, müssen kompensiert werden. Die Unschuldsvermutung verbietet es, dem Untersuchungsgefangenen irgendwelche Belastungen aufzuerlegen, die nicht unerläßlich sind, um den Zweck der Haft zu erreichen und die Sicherheit und Ordnung der Anstalt aufrechtzuerhalten. Hinsichtlich ihrer persönlichen Verhältnisse, vor allem ihrer sozialen Benachteiligung, entsprechen Untersuchungsgefangene aber nach allem, was man weiß, weitgehend den verurteilten Gefangenen. Was an Resozialisierungsprogrammen für die Strafgefangenen geboten ist, ist deshalb auch als Angebot den Untersuchungsgefangenen dienlich: regelmäßige, ordentlich entlohnte Arbeit; schulische Förderung; ein vielseitiges Angebot an Freizeitbeschäftigungen; Möglichkeiten zur Ausübung von Sport; Drogenberatung, soziales Training, Beratung in persönlichen Angelegenheiten. All dies soll und muß Untersuchungsgefangenen unabhängig davon zur Verfügung gestellt werden, daß angesichts der oft kurzen Unterbringungszeiten in der Haftanstalt eine länger dauernde Teilnahme an Programmen vielfach nicht möglich ist. Es darf dabei auch keine Rolle spielen, daß es dem Untersuchungsgefangenen jederzeit freisteht, mit einer begonnenen Arbeit wieder aufzuhören oder eine Freizeitgruppe bzw. eine Sportmöglichkeit zugunsten anderer Beschäftigungen im Haftraum (Fernsehen, Radio hören, Briefe schreiben) aufzugeben.

5. Die konkrete Utopie eines modernen Vollzugssystems

Das Panorama

Zur Grundversorgung für den Bereich der Untersuchungshaft und der Freiheitsstrafe stehen Vollzugsanstalten mit nicht mehr als 300 Plätzen zur Verfügung. Die Anstalt der Grundversorgung ist, nachdem die Haftquote in der Bundesrepublik um ein Drittel gesenkt wurde, für eine Region mit etwa einer halben Million Einwohner zuständig. Sie liegt zentral in der größten Stadt der Region und besteht aus einem geschlossenen Bereich mit etwa 200 und einem offenen Bereich mit 100 Plätzen. In beiden Teilanstalten sind die Gefangenen bis auf Ausnahmen in Wohngruppen mit bis zu 12 Plätzen untergebracht. Für Untersuchungsgefangene, bei denen Verdunkelungsgefahr besteht, und für gemeinschaftsunfähige Strafgefangene gibt es kleinere Wohngruppen für bis zu vier Gefangene. Alle Wohngruppen dienen dem sozialen Training. Sie sind personell so ausgestattet, daß von 6.00 bis 24.00 Uhr mindestens ein Mitarbeiter am Wohngruppenleben teilnimmt. Wohngruppenleiter ist ein Sozialarbeiter.

Die Anstalten der Grundversorgung sind mit Werkstätten für die im geschlossenen Bereich untergebrachten Gefangenen ausgestattet. Lehrkräfte und Klassenräume für Unterricht bis zur Sekundarstufe I stehen zur Verfügung.

Es besteht ein vielseitig ausgestattetes ärztliches Ambulatorium mit dem erforderlichen Krankenpflegepersonal. Ärzte für Allgemeinmedizin und Fachärzte kommen auf vertraglicher Grundlage zur Sprechstunde in die Anstalt. Die Gefangenen im geschlossenen Vollzug haben unter ihnen die freie Arztwahl. Die Gefangenen im offenen Vollzug suchen niedergelassene Ärzte ihrer Wahl auf.

Auch die anderen Fachdienste kommen nach Bedarf auf vertraglicher Grundlage regelmäßig oder zur Erfüllung einzelner Dienstleistungen in die Anstalt. Gefangene, die vor der Aufnahme in die Anstalt am kirchlichen Leben ihrer Ortsgemeinde teilgenommen haben – das sind wenige –, werden von ihrem Gemeindepfarrer weiter betreut. Die übrigen Gefangenen werden Mitglieder der für die Anstalt örtlich zuständigen Ortsgemeinde. Sie werden von einem Pfarrer betreut, der für die Randgruppenarbeit besonders ausgebildet ist.

Für ein etwa zehntausend Haftplätze umfassendes Vollzugssystem – das entspräche dem mutmaßlichen Haftraumbedarf des Landes Nordrhein-Westfalen nach Senkung der Haftquote – stehen folgende zentrale Einrichtungen zur Verfügung:

- 1 Justizvollzugskrankenhaus mit 300 Betten
- 5 Sozialtherapeutische Anstalten mit jeweils etwa 80 Plätzen
- 1 Zentrum für berufliche Weiterbildung für 200 – 400 Gefangene als geschlossene Anstalt. – Eine solche Anstalt ist zur Förderung der Gefangenen mit langen Strafen, soweit sie (zunächst) im offenen Vollzug nicht untergebracht werden können, erforderlich. Die für den offenen Vollzug geeigneten Gefangenen nehmen dagegen an den örtlich angebotenen beruflichen Fortbildungsmaßnahmen teil. Die Vorbereitung auf berufliche Fortbildungsmaßnahmen durch soziales Training (Berufsvorbereitungsjahr) und schulische Weiterbildung geschieht in den Anstalten der Grundversorgung. Eine offene Einrichtung als Berufsbildungszentrum und ein Pädagogisches Zentrum für Unterricht bis einschließlich Sekundarstufe I ist entbehrlich.
- 1 Studienzentrum für 50 – 100 Plätze als geschlossene Anstalt, um Gefangenen, denen Freigang noch nicht gewährt werden kann, die schulische Fortbildung in der Sekundarstufe II bis hin zum Universitätsstudium zu vermitteln.

Das Einweisungsverfahren ist wie folgt geregelt:

Die Untersuchungsgefangenen bleiben nach rechtskräftiger Verurteilung in der »Heimatanstalt«. Die auf freiem Fuß befindlichen Verurteilten treten die Strafe in der für sie zuständigen Anstalt der Grundversorgung an. Dort findet – für die Untersuchungsgefangenen mit ihrem Einverständnis schon während der Untersuchungshaft – die Zugangsuntersuchung statt. Ein interdisziplinäres Gremium trifft die Entscheidungen. Mitglied des Gremiums kann der/ein Anstaltspsychologe sein, dem im übrigen Aufgaben der Organisationsberatung, der Fortbildung des Personals und der Begutachtung der Gefangenen übertragen sind. Die Mehrzahl der Gefangenen bleibt in der Heimatanstalt. Einweisungen in zentrale Einrichtungen sind möglich. Ebenso kann ein Gefangener in eine andere Anstalt der Grundversorgung eingewiesen werden, wenn dort bestimmte Behandlungsmaßnahmen (z. B. Maßnahmen der beruflichen Weiterbildung) besser als in der Heimatanstalt durchgeführt werden können. Die Gefangenen werden den Angehörigen einer überörtlichen Einweisungskommission oder einem Einweisungsbeauftragten bei deren Besuch in der Anstalt vorgestellt, wenn sie das wünschen, die Dauer ihrer Inhaftierung eine bestimmte Grenze (etwa zwei Jahre) übersteigt und wenn die örtliche Einweisungskommission das für erforderlich hält. Stationäre Einweisungseinrichtungen sind entbehrlich.

Die Umsetzung

Diese Vision eines modernen Vollzugssystems läßt sich nicht kurzfristig verwirklichen. Sie kann aber Richtpunkt für die heutige Vollzugspolitik sein. Mit ihrer Umsetzung kann folgendermaßen begonnen werden:

Die örtlichen Untersuchungshaftanstalten mit Zuständigkeit für den Vollzug kurzer Freiheitsstrafen werden um offene Abteilungen außerhalb ihrer Umwehrungsmauer erweitert. Die Landesjustizverwaltung muß also bestehende Gebäude oder Bauplätze in der Nähe dieser Anstalten kaufen. In den offenen Abteilungen ist ein mit sozialem Training verbundener Wohngruppenvollzug einzurichten. Diese Art des offenen Vollzugs ermöglicht es, auch labile und erheblich verwahrloste Gefangene aufzunehmen, die zur Zeit noch im offenen Vollzug versagen. Durch die Umschichtung der Belegung wird in den geschlossenen Anstalten Haftraum frei. Dort sind Hafträume in Gruppenräume und Arbeitsräume umzuwandeln, so daß damit auch im geschlossenen Bereich Wohngruppenvollzug eingeführt werden kann. Die weiteren Reformschritte ergeben sich von selbst. Eines Tages wird es für die Einweisungsanstalten nicht mehr genügend »Fälle« geben, so daß diese Einrichtungen ihre Funktion verlieren. Ein Berufsbildungszentrum im offenen Bereich wird ebenso funktionslos, wenn den Gefangenen die Teilnahme an örtlichen allgemeinen Fortbildungsmaßnahmen ermöglicht wird. Die Einrichtung kann dann für freie Umschüler geöffnet und von Gefangenen und freien

Teilnehmern gemeinsam besucht werden. Ein Pädagogisches Zentrum verliert seine Zuständigkeit für schulische Fortbildung im Bereich bis zur Sekundarstufe I und wird als Studienzentrum weitergeführt.

Die Umsetzung erfordert Haushaltsmittel für die Einrichtung offener Abteilungen als Ergänzung der geschlossenen Anstalten. Die Kosten halten sich in mäßigem Rahmen, weil Plätze im offenen Vollzug viel preiswerter zu erstellen sind als Plätze in geschlossenen Anstalten. So wurden beispielsweise im Bezirk des Justizvollzugsamtes Köln für einen offenen Haftplatz in den letzten Jahren bei dem Umbau einer bestehenden Einrichtung 40.000,– DM aufgewendet, bei einem Neubau 60.000,– DM. Für einen Haftplatz in einer geplanten geschlossenen (Ersatz-) Anstalt werden z.Zt. 220.000,– DM veranschlagt.

Die offenen Abteilungen müssen dann mit dem für den Wohngruppenvollzug erforderlichen Personal ausgestattet werden. Hier entstehen erhebliche Belastungen. Weitere Kosten , jedoch in nur mäßigem Umfang, entstehen bei der Umgestaltung der geschlossenen Anstalten. Die Baumaßnahmen für die Umwandlung von überflüssig werdenden Hafträumen in Arbeitsräume und Gruppenräume können im Rahmen der regelmäßigen baulichen Erneuerung nach und nach durchgeführt werden. Zusätzliches Personal braucht hier nicht eingestellt zu werden, weil eine Verlagerung von Sicherungsaufgaben auf Aufgaben der Betreuung und Behandlung möglich ist.

Zusammenfassend läßt sich sagen, daß die notwendige Fortsetzung der Reform des Strafvollzugs nicht zum Null-Tarif zu haben ist. Weitere Reformschritte sind aber zu noch vertretbaren Kosten möglich. Wenn es gelingt, die Haftquote im Sinne der konkreten Utopie auf zwei Drittel des jetzigen Standes zu senken, könnte die Reform im Ergebnis sogar kostenneutral sein.

6. Ein Schlußwort

Täter und Opfer oder: Von der Hebammenfunktion christlichen Denkens

An Einsichten über die Probleme der Freiheitsentziehung und an guten Ideen zur Reform des Strafvollzugs ist seit langem kein Mangel. Auf Großveranstaltungen mit starker öffentlicher Resonanz wurden sie schon vor zwei Jahrzehnten verkündet: Resozialisierung muß sorgfältig und individuell geplant werden; Gefangene sind je nach Anfälligkeit, Gefährlichkeit bzw. Einsichtigkeit in Gruppen einzuteilen – nur wenige gehören in den »geschlossenen« Vollzug; Gefangenenarbeit muß so umgestaltet werden, daß Opferentschädigung möglich wird; Übergangsheime müssen bereitgestellt werden; die Straffälligenhilfe ist zu intensivieren – und so weiter.

Zur selben Zeit aber konnte ebenfalls öffentlich und unter dem bestätigenden Beifall der Experten festgestellt werden, daß noch keine Gesellschaft der Resozialisierung so große Schwierigkeiten bereitet habe wie die unsere.

Woran kann das liegen? Warum hat die Reformbewegung bei uns eine so schmale Basis? Warum wird sie von großen Teilen der Gesellschaft ignoriert, von ebenfalls beträchtlichen Teilen der Gesellschaft sogar abgelehnt? Genauere Antworten könnte möglicherweise eine repräsentative Befragung der Bevölkerung erbringen, vorausgesetzt, eine solche Befragung erfolgte auf der Basis sorgfältig durchdachter Fragen und gut dosierter Informationen. Man darf es als ziemlich sicher annehmen, daß viele Bundesbürger über die Realität des Strafvorgangs – vom Ermittlungsverfahren über das gerichtliche Hauptverfahren bis zum eigentlichen Strafvollzug – nur wenig wissen.

Das öffentliche Bild von Straffälligkeit wird weithin durch spektakuläre Schwerverbrechen geprägt. Sich davon abzusetzen, fällt der Mehrheit leicht. Viele tun es um so nachdrücklicher und emotionaler, als sie damit von den dunklen Seiten in ihrer eigenen Seele ablenken können. Auch derjenige, der die ethischen und rechtlichen Normen des Zusammenlebens anerkennt, kann sich nicht sicher sein, wie hoch der Anteil unbewußter, verdrängter Aggressionen in ihm ist. So äußert sich in vielen Verdammungsurteilen über andere auch eine Art magischer Beschwörung eigener Möglichkeiten: wie dieser oder diese da, so darf und will ich nicht sein ...

Politiker und Medien, die insbesondere in Fällen gemeinschaftsbezogener Gewaltverbrechen ihren »Abscheu« artikulieren und sich in ritualisierter Form von Verbrechen »distanzieren«, entsprechen – bewußt oder unbewußt – tiefenpsychologischen Einsichten: die für das Kollektiv ausgesprochene Verdammung der Tat soll jeden einzelnen in die Pflicht nehmen, sich normengetreu zu verhalten; die repräsentative Distanzierung soll jeden einzelnen von der Tat wegrücken.

Verstanden als Akte der Heilung und Vorbeugung, ist gegen solche Rituale gewiß nichts einzuwenden. Sie wirken freilich oft auch als Distanzierung vom Täter, als Verdammung eines Menschen. Und was in einigen exemplarischen Fällen geschieht, hat Auswirkungen auf das Verhältnis zu Straffälligen überhaupt.

Hier ist der Ansatzpunkt für ein Einwirken auf die Öffentlichkeit aus christlichem Denken: Es gilt deutlich zu machen, daß das Thema der Straffälligkeit, das Thema von Schicksal und Sünde, Schuld und Sühne *jeden* Menschen betrifft. Der Abscheu vor der Tat darf nicht zum Abscheu vor dem Täter führen. Wenn wir uns nicht nur von der Tat, sondern auch von dem Täter distanzieren, entfernen wir uns gleichzeitig von uns selbst: wir entfernen uns von unserer Menschlichkeit.

Damit ist die Frage nicht zu umgehen, wie es mit der Menschlichkeit unserer Gesellschaft steht. Mögliche Defizite und ihre Ursachen zu untersuchen, historische und politische Faktoren einzuschätzen, kann im Rahmen dieser Schrift nur als Aufgabe gekennzeichnet, nicht aber hier geleistet werden. Vor allem soll diese Schrift sich nicht im weiten Feld des Theoretisierens verlieren, sondern zu konkreten Vorschlägen führen. Ihr Appell richtet sich an staatliche Institutionen, an die Justizbehörden insbesondere, an gesellschaftliche Gruppen, Verbände, Einrichtungen (Parteien, Gewerkschaften, Unternehmerverbände, Sportorganisationen etc.), an Presse, Rundfunk und Fernsehen.

Viele der Menschen, die in diesen Institutionen und Gruppen arbeiten, sind Christen. Sie sind aufgefordert – als einzelne, aber auch in ihrem jeweiligen sozialen Umfeld –, über Straffälligkeit nachzudenken, Informationen einzuholen und weiterzugeben, für eine Verbesserung des Strafvollzugs zu wirken und nach ihren Kräften einzelnen Straffälligen zu helfen.

Man kann einwenden: dies geschieht ja schon. Auf Kirchentagen und in evangelischen Akademien wird über den Strafvollzug diskutiert. Kirchliche Presse und Kirchenfunk greifen die Themen von Straffälligkeit, Schuld und Strafe auf. Gelegentlich werden diese Themen auch zum Gegenstand sonntäglicher Predigten gemacht. Doch es fehlen Kontinuität und oft auch Genauigkeit. Gewiß kann Straffälligkeit kein Dauerthema von Predigt, Konfirmandenunterricht und sonstigen Gemeindeveranstaltungen sein. Aber Straffälligkeit sollte zum Kanon der Gemeindethemen gehören, und es sollte angestrebt werden, dieses Thema mit wachsender Sachkunde zu bearbeiten. Die Gemeinde kann Richter, Rechtsanwälte und Strafvollzugsbedienstete zu Diskussionen einladen. Es wird sich, wenn auch nicht immer, ermöglichen lassen, daß Straffällige an solchen Diskussionen teilnehmen.

Jedes Gespräch, jede Begegnung zwischen Straffälligen und Nichtstraffälligen kann Vorurteile korrigieren, Mauern abtragen helfen. Beide Seiten werden erkennen, daß kein Abgrund zwischen ihnen liegt. Skepsis, auch Mißtrauen und Angst lassen sich freilich nicht durch bloßes Wünschen, durch guten Vorsatz beseitigen. Solche Gefühle und Vorstellungen sollten nicht beiseite geschoben, sondern ausgesprochen werden: Offenheit und Ehrlichkeit sind die beste Basis für besseres Verstehen. Zu bekennen, daß man Angst voreinander hat, kann der Beginn eines vertrauensvollen Verhältnisses zueinander sein.

Indem Gemeinden es wagen, zu solchen Orten der Offenheit, Vertrauensbildung und Versöhnung zu werden, dienen sie dem sozialen Frieden. Sie werden aber auch die Erfahrung machen, daß ihr geistliches Leben lebendiger wird. Sie werden geben, aber sie werden auch nehmen. Und gerade die Erfahrung der Gegenseitigkeit wird sie davor bewahren, die Gefangenen oder Strafentlassenen als bloße Objekte christlicher Nächstenliebe oder Belegstücke ihrer eigenen Vollkommenheit anzusehen.

Es wird auch negative Erfahrungen, Enttäuschungen, Vertrauensmißbrauch geben – vermutlich auf beiden Seiten. Auch diese Erfahrungen können und sollten Anlaß zu Gesprächen und Analysen zur

Besinnung auf das christliche Menschenbild sein, zu dem Vollkommenheit nicht gehört.

Viele Menschen, Politiker und Mitarbeiter der Massenmedien gehen von der Fiktion einer solchen Vollkommenheit aus, an der gemessen alles andere zu verabscheuen und zu bekämpfen ist. Daß einige Strafgefangene während des Hafturlaubs erneut Straftaten begehen, münzen sie in den Vorwurf um, Hafturlauber seien generell eine Gefahr für den Bürger. Damit liegt dann die Forderung, den Hafturlaub wieder abzuschaffen, unausgesprochen auf dem Tisch. Vertrauen, weil es in einigen Fällen mißbraucht wurde, wird als Haltung gegenüber Strafgefangenen diskreditiert.

Abgesehen davon, daß in solchen meist schnell gefertigten Stellungnahmen oder Veröffentlichungen nicht nach der Vorgeschichte, nicht danach gefragt wird, was denn mit dem Strafgefangenen während der bisherigen Strafhaft geschehen ist, ob es eine gezielte Therapie gab, ob Psychologen oder Psychiater sich um den Gefangenen kümmerten, ob man versuchte, seine Persönlichkeit zu ergründen und zu stabilisieren: abgesehen von allen diesen Fragen, mangelt es solchen Veröffentlichungen an der grundlegenden Einsicht, daß der Mensch unvollkommen und schwach ist und stets geneigt, auf die Sünde wie auf eine anfahrende Straßenbahn eben noch aufzuspringen. Die Vorstellung, man könne »in Sicherheit resozialisieren«, brauche kein Risiko einzugehen und müsse die Strafrechtspflege so organisieren, daß es keine Pannen gibt, geht an der Realität des Menschen vorbei. Ihm Vertrauen entgegenzubringen, heißt, mit seiner Schwäche zu rechnen, dennoch aber guten Willen zu zeigen – in der Hoffnung, daß die Bekundung guten Willens ihn in seinem Ansatz zur Rechtschaffenheit stärke. Christen müssen es in Kauf nehmen, wenn man ihnen, weil sie zu einem solchen Vertrauen bereit sind, »Blauäugigkeit« vorwirft. Tatsächlich sind sie, um die Unvollkommenheit des Menschen wissend und dennoch Vertrauen zeigend, die besseren Realisten.

Auch Rückfälligkeit nach Strafverbüßung ist weder ein Grund, Bemühungen um die Verbesserung des Strafvollzugs einzustellen, noch gar die Gefangenen abzuschreiben. Meistens gehen schon der ersten Strafverbüßung Jahre der Fehlentwicklung voraus, oft gepaart mit Benachteiligungen, mit einem Aufwachsen in schlechten Familienverhältnissen, in liebloser Nachbarschaft, mit Mißerfolgen in der Schule und der Arbeitswelt. Selbst ein besserer Strafvollzug oder eine an seiner Stelle stehende »Behandlung in Freiheit« werden bei einem solchen Straffälligen nicht zu einem raschen Erfolg führen. Die Vorstellung, die in der Zeit des Strafvollzugs mit ihm befaßten Behörden und Menschen oder gar er selbst hätten »versagt«, wenn es nun wieder zu einem Rückfall kommt, zeugt von geringem Verständnis. Es ist Geduld vonnöten. Oft ist der Entlassene selber von seinem Rückfall schwer enttäuscht. Er bedarf jetzt noch größerer Zuwendung und Hilfe. Wer ihm stattdessen seine Enttäuschung und Ablehnung zeigt, weil er etwa eine Strafaussetzung zur Bewährung nicht durchgehalten, einen vermittelten Arbeitsplatz durch schlechtes Verhalten verloren, sich wieder dem Alkohol oder schlechter Gesellschaft zugewendet hat, sollte sich fragen, ob er und andere Helfer denn wirklich genug getan, sich dem Entlassenen oder Gefangenen in ausreichendem Maße zugewendet haben, ob denn überhaupt bei der gegebenen Sachlage mit einer durchgreifenden Verhaltensänderung gerechnet werden durfte. Die meisten Straffälligen finden, oft freilich erst nach mehreren Rückfällen und Strafverbüßung, den Weg in ein »Leben ohne Straftaten«; deshalb ist es falsch und oft verhängnisvoll, auf Rückfall mit »Abschreiben« oder einer Verringerung der Hilfe zu reagieren. Nur wenige sind es, die sich über Jahrzehnte hinweg nicht in die normalen Lebensverhältnisse einfügen; auch diese Straffälligen sind Mitmenschen, die unserer Solidarität bedürfen.

Forschungen belegen, daß viele der rückfälligen Straftäter einen langen Weg durch Lieblosigkeit und Benachteiligung hinter sich haben. Es ist zwar nicht so, daß frühe Behinderungen und Mißerfolge notwendig in die Straffälligkeit führen. Man weiß, daß Menschen mit ähnlichen Verhältnissen unterschiedlich umzugehen verstehen. Das kann aber nur bedeuten, daß man nicht nur versuchen muß, die bekannten objektiven Bedingungen von Fehlentwicklungen zu verändern, sondern auch die Fähigkeiten von Menschen zu stärken, mit den Gegebenheiten besser umzugehen.

Kirchengemeinden können einen Beitrag zur Entwicklung einer neuen Konflikt-Kultur leisten, indem in der Jugend- und Gruppenarbeit entsprechende Denkprozesse angeregt werden. Die Themen können unschwer dem aktuellen Geschehen im örtlichen Umkreis entnommen werden: in einer Diskothek ist es zu einer Schlägerei gekommen; in der Schule wurde eingebrochen und Mobiliar zerstört; Autos wurden aufgebrochen und Radios gestohlen; ein Rentner ist in seiner Wohnung überfallen worden; ein Kind wurde von einem alkoholisierten Autofahrer tödlich verletzt – das ganze Spektrum der mehr oder weniger alltäglichen Kriminalität spielt sich in fast jeder Gemeinde ab und muß nicht ausschließlich der Polizei und der Justiz überlassen bleiben. In Zusammenarbeit mit Jugendämtern, Jugendgerichtshelfern und Mitarbeitern der Straffälligenhilfe können beispielsweise Gespräche oder Rollenspiele organisiert werden, in denen die sozialen Komponenten abweichenden Verhaltens herauszuarbeiten sind.

Das Ganze soll nicht Theorie bleiben, sondern nach Möglichkeit dazu führen, daß gefährdeten jungen Menschen so früh wie möglich geholfen wird. Andererseits kann wohl erst auf diese Weise langfristig der Boden für das geschaffen werden, was unter dem Stichwort »Täter-Opfer-Ausgleich« seit einiger Zeit im Gespräch ist. Alle Delikte haben einen »Täter«, aber nicht alle ein »Opfer« im Sinne einer Person. Wo es aber ein Opfer gibt, wo ein Mensch an seinem Körper oder in seinem Eigentum geschädigt worden ist, wo Menschen als Hinterbliebene um ihre Angehörigen trauern, wird das Gebot des Ausgleichs nicht nur vom Recht, sondern auch vom Gedanken der Menschlichkeit gestützt. »Ausgleich« kann sicherlich in vielen Fällen die Form einer Geldleistung haben; auch deshalb ist in dieser Schrift auf die Notwendigkeit einer Erhöhung des Arbeitsentgelts für Gefangene hingewiesen worden. Ausgleich kann oft auch durch konkrete Arbeit und Hilfe für den jeweils Geschädigten geleistet werden. Ausgleich setzt aber sicherlich, wenn er vom Opfer als solcher empfunden und akzeptiert werden soll, die Herausbildung von Einsicht und Solidarität auf beiden Seiten voraus: der Täter muß erkennen, was er getan hat, und das Opfer muß zu der Einsicht kommen, daß der Täter eine ausgestreckte Hand, daß er als Mensch Hilfe braucht.

Bei schweren Verbrechen, bei Verbrechen gegen das Leben insbesondere, mag das eine geradezu quälende Vorstellung und ein utopisch anmutender Wunsch sein. Es gibt aber Beispiele dafür, daß die Utopie Wirklichkeit wurde. Sie wirken wie Oasen der Wärme in einer Gesellschaft, deren »soziale Kälte« vielfach beklagt wird. Weil es so schwer ist, daß Täter und Opfer zu einer Basis des Verständnisses kommen, ist es unerläßlich, daß alle staatlichen Regelungen und Institutionen auf das Ziel hin ausgerichtet werden, einen solchen Prozeß des Verständnisses zwischen Menschen zu fördern und zu unterstützen, nicht aber ihn zu behindern oder unmöglich zu machen. Das gilt insbesondere für das Strafverfahren und den Strafvollzug. Solange die Straftat einseitig als eine Verletzung der Rechtsordnung gesehen und Strafgerechtigkeit als ihre Wiederherstellung definiert wird, ist für den Menschen, den Täter wie das Opfer, wenig Raum – und schon gar nicht für den Gedanken, daß zwischen beiden eine Beziehung hergestellt werden könnte, eine positive Beziehung zumal. Täter-Opfer-Ausgleich: das erfordert, wenn der Begriff nicht eine leere (und billig zu handhabende) Floskel bleiben soll, eine umfassende Neuorientierung. Christliches Denken kann und muß hier eine Hebammenfunktion übernehmen; christliches Handeln kann überzeugendes Beispiel sein.

Anhang

Empfehlungen des Rates der Evangelischen Kirche in Deutschland zur kirchlichen Arbeit mit Straffälligen

I. Die Einführung der Gefängnisstrafe war ein bedeutsamer Schritt zur Humanisierung weltlicher Strafe. Im Laufe der Geschichte haben führende Persönlichkeiten aus der evangelischen Kirche wie Heinrich Balthasar Wagnitz, Theodor Fliedner und Johann Hinrich Wichern dann tatkräftigen Einfluß auf die Verbesserung des Gefängniswesens genommen.

Gegenwärtig stehen wir wieder vor neuen Aufgaben. Der Strafvollzug ist kritisch zu betrachten und zu verbessern. Darüber hinaus sind bereits praktizierte Ansätze von Alternativen zur Freiheitsstrafe weiter zu entwickeln. In die öffentliche Diskussion wie in interne Fachgespräche über diese Fragen hat die Kirche die Gesichtspunkte des christlichen Menschen- und Weltverständnisses sowie vielfältige praktische Erfahrungen evangelischer Gefängnisseelsorge und Straffälligenhilfe einzubringen.

Der Rat der Evangelischen Kirche in Deutschland bittet darum *die Gliedkirchen*, die Entwicklungen in der Strafrechtspflege und im Strafvollzug sorgfältig mitzuverfolgen.

Insbesondere bittet der Rat die Gliedkirchen,

- bei den Beratungen ihrer Organe die Fragen der Strafrechtspflege und des Strafvollzuges in angemessenen zeitlichen Abständen zu thematisieren,
- regelmäßige Gespräche mit den Justizbehörden, mit den Organen der Rechtspflege, mit den Mitarbeitern des Strafvollzuges und den entsprechenden wissenschaftlichen Fachvertretern zu führen und die Gesichtspunkte der evangelischen Kirche einzubringen,
- die Gemeinden und die kirchlichen Werke anzuregen, sich ihrerseits mit der Thematik zu befassen und ihren Beitrag zur Integration straffälliger Mitbürger in die Gesellschaft zu leisten.

Dabei bittet der Rat die Gliedkirchen, ihre Gemeinden und ihre Werke, die Ergebnisse der vorliegenden Schrift »Strafe: Tor zur Versöhnung?« als Arbeitsgrundlage und Entscheidungshilfe zu nehmen.

II. Der Rat dankt den Gliedkirchen für die Aufnahme seiner Empfehlungen zur Seelsorge in Justizvollzugsanstalten (1979). Angesichts der Entwicklungen in der Zwischenzeit unterstreicht der Rat folgende Gesichtspunkte:

1. Zur Seelsorge in Justizvollzugsanstalten

Die Seelsorge in den Justizvollzugsanstalten ist ein kirchlicher Dienst in besonders belasteten Situationen. Er geschieht in einem Arbeitsfeld, das durch eine Vielzahl von Konflikten gekennzeichnet ist, und in einer Umgebung, die es schwer macht, das Evangelium anschaulich zu vermitteln. Die Mehrzahl der Gefangenen kommt aus Bevölkerungsgruppen, die wenig Beziehung zur Kirche haben. Auch den Bediensteten muß der kirchliche Auftrag immer wieder neu interpretiert werden. Seelsorger und Seelsorgerinnen in den Justizvollzugsanstalten brauchen Stabilität der Person und die Fähigkeit zur Kommunikation. Gleichzeitig müssen sie mit einer rechtlich stark durchgeordneten Institution umgehen können.
Der Rat bittet darum *die Gliedkirchen,*

- der Gewinnung und Auswahl kirchlicher Mitarbeiter und Mitarbeiterinnen für den seelsorgerlichen Dienst in den Justizvollzugsanstalten besondere Sorgfalt zu widmen,
- den Seelsorgern und Seelsorgerinnen vor der Berufung in diesen speziellen Dienst Möglichkeiten zu geben, die besonderen Arbeitsbedingungen vor Ort in einer Justizvollzugsanstalt kennenzulernen und zu Beginn der Tätigkeit eine von einem fachkundigen Kollegen begleitete Einführungsphase zu absolvieren,
- weiterhin notwendige regionale und überregionale Fortbildungsmaßnahmen für die Gefängnisseelsorge zu fördern.

Der Rat dankt *der Konferenz der evangelischen Pfarrer an den Justizvollzugsanstalten* für ihre aktive Beteiligung an gesamtkirchlichen Aufgaben in ihrem Arbeitsfeld. Er bittet die Konferenz, gemeinsam mit den Gliedkirchen an der Weiterentwicklung konzeptioneller Fragen evangelischer Gefängnisseelsorge zu arbeiten und sich an den Fortbildungsmaßnahmen für Gefängnisseelsorger und -seelsorgerinnen zu beteiligen.

2. Kirchengemeinden und kirchliche Werke und Dienste

Der helfende Umgang mit straffälligen Mitbürgern ist eine Aufgabe der ganzen Kirche. Die Seelsorge in den Justizvollzugsanstalten bedarf darum der Ergänzung und der Zusammenarbeit seitens der Kirchengemeinden und anderer kirchlicher Werke und Dienste.

Der Rat bittet *die Gliedkirchen,* für einen geregelten Arbeitsaustausch zwischen den Gefängnisseelsorgern, gemeindlicher Arbeit und verwandten kirchlichen Diensten Sorge zu tragen, um einerseits einer Isolation der Gefängnisseelsorger entgegenzuwirken und andererseits deren Erfahrungen für andere Arbeitsgebiete fruchtbar zu machen.

Der Rat bittet die Kirchengemeinden, auch straffälligen Gemeindegliedern ihre Aufmerksamkeit zu schenken und ihnen wie ihren Angehörigen helfend zur Seite zu stehen.

Er bittet,

- die gemeindlichen Angebote daraufhin zu prüfen, wieweit sie auch für diesen Personenkreis offen und einladend sind,
- im gegebenen Fall Projekte des Ausgleichs zwischen Tätern und Opfern oder gemeinnützige Alternativen zu einer Freiheitsstrafe zu unterstützen,
- in den Arbeitsprogrammen die Fragen des Entstehens und des Umgangs mit kriminellem Verhalten sowie der sozialen Integration straffälliger Mitbürger in geeigneten Veranstaltungen von Zeit zu Zeit zu thematisieren.
- die Verbindung zu den Seelsorgern im Strafvollzug zu pflegen und geeignete Persönlichkeiten für die ehrenamtliche Mitarbeit in den Justizvollzugsanstalten zu gewinnen.

Der Rat bittet *die kirchlichen Werke und Einrichtungen,* insbesondere die Arbeitsstellen für Erwachsenenbildung und die Medienzentralen, zu den oben genannten Themen Arbeitshilfen für den Unterricht und für Veranstaltungen mit Erwachsenen herauszugeben. Dabei ist die Perspektive der Versöhnung zwischen Tätern und Opfern einzubeziehen und das Verständnis für die Straffälligen einerseits und die Mitarbeiter in Justiz, Strafvollzug und Polizei andererseits zu fördern.

3. Evangelische Akademien

Die evangelischen Akademien haben in der Vergangenheit durch ihre Tagungen zur kriminalpolitischen Diskussion sowie zu allgemeinen und speziellen Vollzugsfragen bereits wesentliche Beiträge für die Weiterarbeit an konzeptionellen Themen geleistet.
Darüber hinaus haben sie sich an der Einführung ehrenamtlicher Mitarbeiter als Vollzugshelfer sowie an der Fortbildung der Bediensteten im Strafvollzug und an Seminaren für Gefangene beteiligt.
Der Rat bittet *die Akademien,* diese Arbeit weiterzuführen und Wege zu finden, die Ergebnisse über den Teilnehmerkreis an den Tagungen hinaus in die Fachwelt wie in die Kirchengemeinden hinein breiter bekanntzumachen.

4. Theologische Aufgaben und kirchliche Ausbildung

Die neueren Ergebnisse juristischen und kriminologischen Denkens bedürfen weiterer theologischer Reflexion und der Aufarbeitung in der systematischen und in der praktischen Theologie.
Der Rat bittet darum

- *die Fakultäten, die Fachhochschulen und die kirchlichen Ausbildungsstätten,* die Themen des Strafvollzugs in die Lehrveranstaltungen aufzunehmen,
- *die Gliedkirchen,* in der Ausbildungs- und in der Fort- und Weiterbildungsphase Praktika der Seelsorge in Justizvollzugsanstalten anzubieten, nicht nur als Lernfeld für diesen speziellen Arbeitszweig, sondern auch als Paradigma zur Erweiterung des Horizontes für die Gemeindearbeit.

5. Evangelische Straffälligenhilfe

Der Rat der EKD bittet *den Diakonischen Rat und die Konferenz der Landespfarrer für Diakonie,* sich verstärkt mit den neueren Entwicklungen in Strafrechtspflege, im Strafvollzug und in der Straffälligenhilfe zu befassen und die vorliegende Schrift »Strafe: Tor zur Versöhnung?« als Arbeits- und Entscheidungshilfe zu berücksichtigen.
Der Rat bittet *die Evangelische Konferenz für Straffälligenhilfe,* die

vorliegende Schrift bei der Weiterentwicklung der Konzeption ihrer Arbeit und des Initiativprogramms zu berücksichtigen und Wege zur Umsetzung der gegebenen Anregungen für die Praxis zu suchen.
Der Rat bittet die verantwortlichen *Träger evangelischer Straffälligenhilfe* mit ihren Mitarbeitern und Mitarbeiterinnen, die gegenwärtigen inhaltlichen, personellen, finanziellen und organisatorischen Gegebenheiten ihrer Arbeit zu überprüfen mit dem Ziel einer qualitativen Verstärkung des evangelischen Beitrags. Dabei sind besonders zu berücksichtigen: die Entwicklung eines zeitgemäßen Konzeptes der Straffälligenhilfe, die Gewinnung und Zurüstung ehrenamtlicher Mitarbeiter und Mitarbeiterinnen, eine Verstärkung der Zusammenarbeit mit anderen Trägern der Straffälligenhilfe und Offenheit für Arbeitskontakte zu freien Initiativen.
Der Rat bittet die *Diakonische Akademie*, ihre bisherigen Bemühungen in der Arbeit an konzeptionellen Fragen und in Fortbildungsangeboten zu verstärken.

6. Kirchliche Medien

Der Rat bittet die *kirchlichen Medien* (kirchliche Gebietspresse, Verantwortliche für Kirchenfunk und -fernsehen), den Themen der Überwindung gesellschaftlicher Konflikte im Umgang mit Straffälligen und mit ihren Angehörigen sowie der Verbreitung des Gedankens eines Ausgleichs zwischen Tätern und Opfern, einen angemessenen Raum zu geben.

Mitglieder der Arbeitsgruppe »Kirche und Strafvollzug«

Präsident Otto Freiherr von Campenhausen, Hannover, *Vorsitzender*
Professor Dr. jur. Alexander Böhm, Mainz
Oberkirchenrat Dr. jur. Herbert Claessen, Hannover
Dipl.-Päd. Werner Fürstenberg, Aachen
Dr. phil. Werner Hill, Hannover
Pastor Peter Rassow, Hannover
Professor Dr. jur. Dieter Rössner, Göttingen
Präsident Dr. jur. Karl Peter Rotthaus, Köln
Pfarrer Otto Schäfer, Kassel
Direktorin des Amtsgerichtes Dagmar Thalmann, Müllheim/Baden
Professor Dr. theol. Joachim Track, Neuendettelsau
Oberkirchenrätin Gudrun Diestel, Hannover, *Geschäftsführerin*

Veröffentlichungen der EKD

Gott ist ein Freund des Lebens

Herausforderungen und Aufgaben beim Schutz des Lebens. Gemeinsame Erklärung des Rates der Evangelischen Kirche in Deutschland und der deutschen Bischofskonferenz in Verbindung mit den übrigen Mitglieds- und Gastkirchen der Arbeitsgemeinschaft christlicher Kirchen in der Bundesrepublik und Berlin (West). Herausgegeben vom Kirchenamt der EKD und dem Sekretariat der Deutschen Bischofskonferenz. 3. Auflage.
112 Seiten. Kt.
[3-579-01955-4] Gütersloher Verlagshaus / Paulinus Verlag

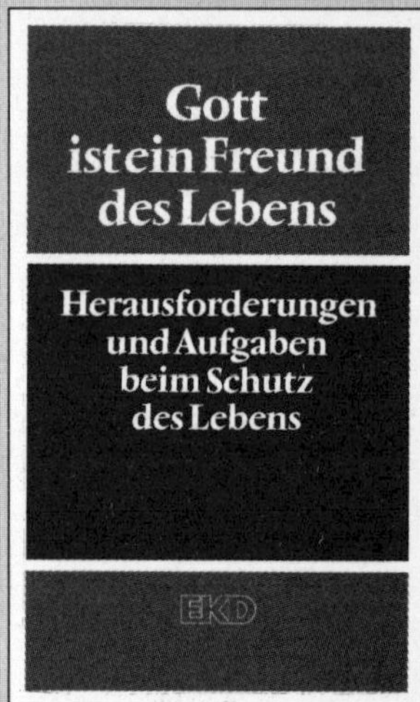

Glauben heute Christ werden – Christ bleiben

Mit einem ›Brief an alle, denen der Glaube und die Kirche am Herzen liegen‹ und dem Vortrag ›Die Entdeckung des Glaubens im Neuen Testament‹ von Prof. Dr. Hans Weder. Herausgegeben vom Kirchenamt der EKD. 4. Auflage.
64 Seiten. Kt. [3-579-01997-X]

Gütersloher Verlagshaus
Gerd Mohn